アビー・コバート 著　長谷川敦士 監訳　安藤幸央 翻訳

今日からはじめる情報設計

センスメイキングするための7ステップ

How to Make Sense of Any Mess

BNN
Bug News Network

How to Make Sense of Any Mess: Information Architecture for Everybody
by Abby Covert

www.AbbyTheIA.com/makesense

The Japanese edition was published in 2015 by BNN, Inc.
1-20-6, Ebisu-minami, Shibuya-ku,
Tokyo 150-0022 JAPAN
www.bnn.co.jp

Printed in Japan

私の祖父であり、私が知るかぎりいちばん最初のインフォメーション・アーキテクト（情報建築家）であるビル・ピンクへ。彼は私に、混乱を解きほぐして整頓《センスメイキング》することが、いかにやりがいのあることかを教えてくれました。

“もしアップルパイをゼロから作りたいと思ったら、
まず最初に宇宙を作らなければならない。”
——科学書『コスモス』の著者、カール・セーガン博士

日本語版に寄せて

日本の皆さん、こんにちは！

私の本を日本の皆さんにお届けできるという連絡を受けたとき、何よりいちばん最初にしたことは、その素敵な知らせを父と母に伝えるために電話をかけるということでした。それは作家として、数ある瞬間のなかでも最も誇らしい瞬間でした。私には、世界を混沌から解き放ち、もっと明快な場所にするという目標があります。私の言葉を皆さんのところへ日本語でお届けできるということは、私がその目標にたどり着くための大切な一歩です。

私はいつも日本の情報アーキテクチャコミュニティを賞賛しており、ここ何年かの間に私が出会った日本の情報アーキテクチャに取り組む人たちとの議論はとても楽しいことでした。

皆さんの混乱がどんなものであれ、本書を読むことで、その意味を理解できるようになると思います。けれどもこの本を読み始めてもらう前に、私の夢を実現していただいたビー・エヌ・エヌ新社のチーム全員に、この場を借りて感謝の気持ちを伝えたいと思います。また、この翻訳プロジェクトにご尽力いただいた安藤幸央さんと長谷川敦士さんに、個人的にも感謝の気持ちを伝えたいと思います。

本書が皆さんのお仕事に明快さをもたらしますように。

アビー・コバート

訳者まえがき

部屋中に散らばった子供のオモチャにげんなりしたことはないでしょうか？　大量にあるネットワークケーブルの、どれがどれにつながっているのかわけがわからなくなったことはないでしょうか？　あまりにも大量に押し寄せる情報に、途方に暮れたことはないでしょうか？　あまりにも複雑な仕事に、さじを投げたことはないでしょうか？　自分では理解していると思っている情報を、うまく人に伝えられなかったことはないでしょうか？

本書の原書タイトルは、『How to Make Sense of Any Mess』です。しっくりとくる翻訳は難しいのですが、「どんなMessでもMake Senseする方法」となります。Messとは、しっちゃかめっちゃか、めちゃくちゃで混乱している様子、整理されるべき事柄が整頓されず、散乱している、混沌として、窮地に陥っている状態を示します。

そしてMake Senseとは、情報設計の世界ではよく使われる言葉で、直訳だと「認識を作る」、意訳すると「要点を作る」「意味を成す」といった感じの言葉です。たとえば、学校の先生に「Make Sense ？」と聞かれたならば、その問いは「意味はわかった？」ということです。本書では「混乱（Mess）を解きほぐして整頓する」といった意味に対応させています。

人やものごとは複雑であり、複雑であること自体は悪いことではありません。世の中には、複雑な相関関係を持った複雑な事柄はいくらでもあります。すべての事柄が、単純なボタン１個を押すだけにすればよいわけではなく、整理整頓されていることが重要なのです。１冊しかない図書館ではなく、どこに目的の本があるのか見つかればよいのです。複雑なものも、複雑なまま、わかりやすく整頓されていればよいのです。

スマートフォンアプリもWebサイトも、資料もプレゼンテーションも、料理のレシピも、素敵な見映えや気の利いたアニメーションも良いですが、いちばん重要なのは情報設計です。整理されていないまま、どれが必要かもわからない複数の数百件のリストを見せられても、何も見つけられず、何も判断できません。複雑な混乱を解きほぐして整頓し、情報設計に配慮することで、格段に見やすくわかりやすく、親しみやすいものになるはずです。

この本は、情報設計の専門家だけでなく、デザイナーにも、エンジニアやプログラマーにとっても、ヒントになる事項と実践手法が満載です。また、教育者、経営者、研究者、誰かのために何かの仕事をしているすべての人へ、読んでいただき、活用していただき、混沌を解きほぐして整頓できるようになるヒントを手に入れてほしいと思います。

本書の翻訳と編集の作業自体もMessでした。そのおかげで、なによりMake Senseの大切さを実感しています。

本書を一通り読み終わったら、どんなに混沌とした、どんなにややこしい出来事も、解きほぐせることがわかり、そのための糸口が見つかるはずです。さぁ、みんなでMake Senseするのです！

2015年8月27日

混沌とした机に向かいながら

安藤幸央

監訳者のことば

本書は、米国で活躍するインフォメーション・アーキテクト（情報建築家）、アビー・コバート氏による、情報設計の考え方をビジネス一般、そして問題解決一般に適用するための指南書です。

よく「IA」と略される情報設計（Information Architecture）は、2000 年頃から Web デザインの分野にて発達を遂げてきました。これは、ネットの発達と共に、これまでの紙メディアから大きく可能性を広げた Web メディアにおいて、その根本である構造（architecture）から見直す必要が出てきたことによるものです。米国を中心として Information Architecture Institute（IA Institute）というプロフェッショナル団体が組織され、毎年 IA サミットという国際会議も開催されています。コバート氏は、過去に IA Institute の代表を務めたこともあり、現在も IA 業界のキーパーソンによって構成されている組織、The Understanding Group のメンバーとなっています。もともと氏は古株というわけではありませんでしたが、2000 年代の中頃に IA に興味を持ち始め、そして今に至るという、まさに現在進行形の IA（この場合は Information Architect）であると言えるでしょう。

前述の通り、本書はこの Web IA の業界で培われた考え方を、Web に限らず、一般のビジネスパーソンの課題解決に適用するための思考法、そして手法を紹介しています。コバート氏がこういったアプローチに至った過程はまさに本書のなかで語られているので、ここでは別の観点からの IA のありかたを紹介しましょう。

多くの人が知るように、情報設計の重要性を最初に指摘し、インフォメーション・アーキテクトを名乗ったのは米国の編集者リチャード・ソール・ワーマン氏です。氏は、ガイドブックやインフォグラフィックのプロデュース、そしてTEDカンファレンスの創立など、数多くの情報設計の仕事を成し遂げていますが、日常生活における情報設計リテラシーについても多くの著作を残しています*1。日本でも有名な『理解の秘密―マジカル・インストラクション』、『それは情報ではない―無情報爆発時代を生き抜くためのコミュニケーション・デザイン』は、原題がそれぞれ『Information Anxitety（情報不安症）』とその続刊であり、情報過多の時代を生き抜く個人のための情報設計指南書であったと言えます*2。

本書は、ある意味このワーマン氏の著作群を引き継ぐものとも言え、個人が自分の情報といかに向き合い、そしてそれらを解決していくかを具体的に述べています。本書では、2000年代のVisual Thinking（ビジュアル思考）の試行錯誤の成果をふまえた、最新のダイアグラミングテクニックもとりあげられ、まさに2010年代の情報設計の集大成とも言えます。

また、本書では、「もの」についての情報だけでなく、「こと」が引き起こす混乱も対象にしていることが特徴としてあげられます。情報過多を越えて、社会の多様化によって画一的な問題解決や理解が難しくなった現代において、本書のような個人のための情報設計技術は、まさにこれからの時代を生きるためのデザインであると言え、多くのビジネスパーソンにとって必須のものとなるでしょう。

氏の軽妙な語り口と、そこに秘められた情熱を感じながら、ぜひ本書によって人生を意味あるものにしていただければ幸いです。

＊1　私事になるが、監訳者である長谷川も氏の書籍に影響を受け、大学での研究者からインフォメーション・アーキテクトへのキャリア変更を行った経緯がある。

＊2　余談となるが、2010年のIAサミットにはリチャード・ソール・ワーマンが基調講演で登壇し、カラオケナイトにも参加した。このとき、この基調講演をコーディネートしたのもコバート氏であった。

長谷川敦士, Ph.D.

インフォメーション・アーキテクト／コンセント 代表

イントロダクション

あなたが日々考えなければならない、すべてのことを考えてみてください。仕事のプロジェクト、製品、サービス、仕事の手順、情報収集、イベント、発表、倉庫の箱、引き出し、衣装タンス、部屋、明細書、仕事の計画、説明書、地図、料理のレシピ、仕事の方向性、人間関係、人との会話、アイデア……、考えは尽きません。

私たちは皆、混沌、混乱、そして複雑さにさらされながら、前に進んでいかなくてはなりません。

「情報設計」というのは、ある一連のコンセプトのことです。それは、誤った情報や偽りの情報、十分ではない情報や多過ぎる情報によって引き起こされる混乱に対し、あらゆる人がその混乱を解きほぐして整頓《センスメイキング》することができるよう、手助けとなるものです。

あなたが学生であっても、教師であっても、またはデザイナー、作家、技術者、アナリスト、事業主、マーケティング担当者、社長であったとしても、本書はきっと役に立ちます。

約３時間ほど、飛行機でニューヨークからシカゴへ移動するのにかかる程度の時間で、私はあなたに情報設計の実務を手ほどきすることができます。そうすれば、あなたはこれから訪れるどんな混乱に対しても、あなた自身のやり方で混乱を解きほぐして整頓《センスメイキング》することができるようになるはずです。

本書について

章：本書は、情報と人間からもたらされる混乱を解きほぐして整頓する＝センスメイキングするためのプロセスを、段階を追って説明しています。その各ステップは最初から順番に書かれていますが、現実のほとんどのプロジェクトは順番通りにはいきません。ですから、自由にあちこち飛ばし読みしたり、巻末の用語集から特定の言葉を読み始めてもかまいません。

セクション：各セクションは１ページで完結しています。１ページが１つの教訓になっています。掲載順は私が皆さんに語りたい順番になっています。

ケーススタディ：各章の最後には、混乱を解きほぐして整頓《センスメイキング》する必要がある人の事例紹介が掲載されています。

ワークシート：各章末には、あなた自身が混乱を解きほぐして整頓《センスメイキング》するのを助けるワークシートがあります。各ワークシートは、あなた自身の目的に応じて簡単に再構成できるような、シンプルなものになっています。印刷可能なテンプレートへのリンクは次ページで紹介しています。

用語集：巻末には、本文の中で太字で示した用語を定義付けし、順番に紹介した用語集があります［原書の用語集はオンラインでも閲覧できます。www.abbytheia.com/lexicon］。

目 次

※訳注は［］で示しています。

※各章末のワークシートは以下からダウンロードしてください。
http://www.bnn.co.jp/dl/mess/

変更
計画
混沌
乱雑
錯綜
複雑
災害
疾患
混乱
集団
苦境
困惑
窮地
状況
悪夢

第 **1** 章
混乱を**見極める**

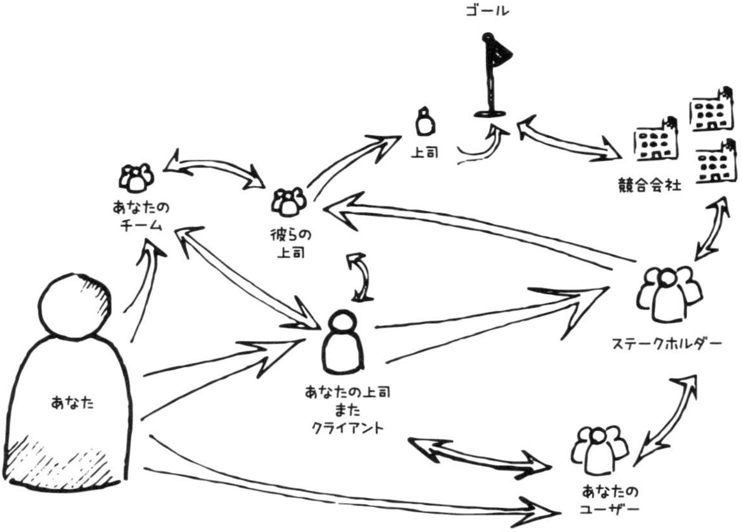

センスメイキングすることのポリティクス

混乱は、
情報と人によって生み出される

混乱とは、何かがわかりにくく困難を極めているあらゆる状況のことを指します。私たちは皆、よくこうした状況に陥ります。

私たちが日常生活のなかで取り組む混乱には、以下のようなものがあります。

- チームや組織の構造
- 共同作業への取り組み方
- 製品やサービスの説明／販売／配送方法
- お互いのコミュニケーションの取り方

直面する混乱に光を当てることは難しい

「混乱しています」と言い出すことは、難しいものです。混乱した状況は、私たちを暗い部屋の隅に立つ子供のようにおびえさせ、どうやって対処したらよいかすら考えられなくさせてしまいます。

困惑したり、スケジュールが遅れたり、課題が見つかったり、そしていらいらしていたりするとき、私たちは混乱から目を背けてしまいがちです。

あらゆる混乱に対処するための最初のステップは、混乱に光を当て、その大きさと深さを把握することです。

ひとたび混乱している領域を明るく照らせば、混乱を解きほぐして整頓《センスメイキング》するための複雑な道のりを自ら導いていけるようになるでしょう。

私が本書のようなシンプルなガイドブックを書いたのは、あなたが必ず遭遇するであろう情報と人によって生み出される混乱を、センスメイキングした経験のほとんどない人でも、ちゃんと手なずけることができるようお手伝いするためなのです。

情報設計は あなたの周りのいたるところに

情報設計とは、ものごとの各部品をわかりやすく整理する方法です。

情報設計の例としては、以下のようなものがあります。

- 辞書や百科事典で用いられる、アルファベット順や50音順の項目の並び方
- ウェブサイトでのリンク
- レストランのメニューでの、前菜・メインなどのカテゴリーや、メニュー内容の表記
- アプリケーションやソフトウェアでの、メニューなどのカテゴリーや、ボタンなどのラベル名、そして切り出されているタスク
- 空港で旅行者を案内するサイン

私たちは、自分たちを取り巻くこの世界を解きほぐして整頓《センスメイキング》するため、このようにさまざまな情報設計のお世話になっているのです。

あなたが対処しているのは、情報過多ですか？
情報不足ですか？ 適切でない情報ですか？

ものごとは変わる。混乱は変わらない

人類が思考を始めたときから、私たちはいかに情報を整理するかを学び続けています。

本のページ、アルファベット順や50音順の並び、索引、目録、地図、そしてさまざまな図解などは、この情報化社会以前に生まれた情報設計のたまものと言えるでしょう。

テクノロジーは、私たちの日常のものごとを、私たちが理解できないほどの速さで変え続けています。しかし、結局のところ、情報を混乱させる原因はそう多くはありません。

A. 情報過多

B. 情報不足

C. 適切でない情報

D. 上記の組み合わせ！

人々は情報を設計している

情報の混乱を、あたかも宇宙からやってきたエイリアンがもたらしたように考えることは簡単ですが、そんなことはありません。

情報の混乱は、私たち自身が作っているものなのです。

私たちが情報を設計するとき、私たちはメッセージを伝えるための構造を決めています。

あなたの周りにあるすべてのものは、誰かに設計されたものです。その人が設計していることを意識していたかどうかは関係ありません。それがよくできたものかどうかも関係ありません。そして、それがコンピュータを使って設計されたかどうかも関係ありません。

情報というものは、いまや私たち皆で共有しなければならない責任なのです。

私たちは、この情報化時代を傍観しているわけにはいきません。私たちは、そのまっただ中にいるのですから。

私たちは、この新しい時代においての成功を目指すのであれば、情報というものを関与できる対象としてとらえ、私たちをゴールへと導くためにどうやって情報を設計すればよいのかを学ぶ必要があるのです。

あらゆる「もの」は複雑

単純なものがあります。入り組んだものもあります。そして、この宇宙のすべての「もの（ものごと）」は複雑です。

複雑さは、この宇宙の均衡の一部分なのです。私たちは、この複雑さから逃れることはできません。

以下に、あなたが遭遇するであろう３つの複雑さを挙げます。

- よくあるのが、共同作業において明確な**方向性**や同意がないことでもたらされる錯綜した状況です。
- 私たちは、人々とシステムをつなぐために、そのための接点を作り、変化させ、アクセスして、そして維持しています。これは多くの混乱を生み出していますが、しかし、これらの**つながり**が私たちの意思疎通を可能にしているのです。
- 人々は、自分の周りで何が起きているかを、それぞれ自分のやりかたで知覚しています。この異なった**解釈**は、多くの混乱を生み出しています。

知識は複雑

知識というものは、驚くほど主観的なものです。

私たちは、地球が「平らではない」と知るまで、地球は平らであると思っていました。冥王星が「惑星ではない」と知るまで、冥王星は惑星であると思っていました［冥王星は準惑星に区分されます］。

「**真理**である」と言うとき、そこに例外はありません。しかし、本当にひとつしかないものを探すことは、ほとんど不可能に思えます。

そのかわり私たちは、事実を確立するために、矛盾や疑義、改良の余地を見つけることを恐れず混乱に立ち向かう必要があります。変化する運命にある事実を、私たちは受け入れなければならないのです。

それはまず、ものごとが意味することを受け入れることです。ものごとの意味は、私たちの主観的真実と言えるでしょう。そして、そこから勇気を出して、私たちの衝突や思い込みを解きほぐしていくことで、実際に正しいものを明らかにすることができるのです。

もし、私たちと他の人とが異なった解釈を持っているとき、混乱はより大きく困難なものになるでしょう。そんなときは、私たちは、自分たちが知っていると思っていることをちょっと脇に置き、問い続けなければなりません。

あらゆる「もの」に情報がある

あなたは一生のうちに、たくさんの**もの（ものごと）**を作り、使い、維持し、消費し、実行し、取り戻し、受け取り、与え、考え、作り出し、学び、忘れるでしょう。

この本は、ものです。あなたがこの本を読んでいるあいだ座っている椅子も、ものです。ちょっと前にあなたが考えていたことは何でしょう？　それも、もの（ものごと）です。

ものには、あらゆる種類、形、サイズがあります。

あなたがセンスメイキングしているものは、アナログかもしれないし、デジタルかもしれません。一度だけ使うものかもしれないし、一生使うものかもしれません。手づくりのものかもしれないし、機械で製造されたものかもしれません。

私は、ウェブサイトやモバイルアプリについての、あるいは何か流行のものについての情報設計本を執筆することもできたのですが、それよりも、人々がどんな混乱も飼い慣らすことができる方法に焦点を当てようと決めました。その混乱が何からできているかにかかわらず、飼いならせる方法です。

それは、すべての混乱とすべての「もの」が、情報という重要な「ものでないもの」に依っていると信じているからです。

情報とは、ものの特定の配置や順番によって、伝えられたり表現されたりするもののことなのです。

情報とは何か？

情報は、一時的な流行りものではありません。この情報化時代に発明されたものでもありません。概念としては、言語やコラボレーションといったものと同じくらい古い概念です。

情報に関して私があなたに教えることのできる最も重要なことは、情報はひとつの「もの（ものごと）」ではない、ということです。それは主観的で、客観的ではありません。人が出会うものごとの配置や順序から、「その人が解釈するすべて」です。

たとえば、あるお菓子屋さんを想像してみましょう。レーズン・クッキーがあふれそうなほどいっぱい載ったお皿がある一方で、たった１枚だけチョコチップ・クッキーの載った皿があるとします。あなたは私と、そのお皿にはかつてもっと多くのチョコチップ・クッキーがあったことを賭けるでしょうか？　たいていの人は、この賭けで私とひと勝負することでしょう。なぜでしょう？　それは、彼らがすでに知っているあらゆることが、そのお皿にはおそらくもっとたくさんのクッキーがあったことを伝えているからです。

そのお皿に他のクッキーがあったことを信じるか信じないかは、見た人それぞれが配置されているクッキーの様子から「解釈」した情報によります。情報の送り手がクッキーの配置を変え、人々のクッキーの捉え方を意識的に変えることで、送り手は情報を設計しているのです。

送り手がある情報を伝達するために、意図的に情報を配置することはできますが、情報そのものを送り手が「作る」ことはできません。受け手が送り手に代わってそれをするのです。

情報は、
データでもコンテンツでもない

データとは、何かについての事実《ファクト》であり観察結果であり、そして問いです。**コンテンツ**とは、クッキー、語、文書、画像、映像、もしくはあなたが配置したり順序立てたりしているものすべてです。

情報とデータとコンテンツの違いは判断しづらい《トリッキーな》事柄ですが、重要なポイントは、コンテンツまたはデータの欠落には、それらが存在する場合と同じくらい多くの「情報が含まれている」ということです。

たとえば、食品店の棚の空いている場所がなぜ空いているのかを２人の人に尋ねた場合、１人はその棚の空きスペースは商品が売り切れたことを意味すると解釈し、もう１人はその商品が人気があるのだと解釈するかもしれません。

瓶、ジャム、値札、食品棚がコンテンツです。それらのものについて２人が行なった詳しい観察結果がデータです。食品棚を見た２人が空きスペースに関して解釈していることが情報です。

10人中8人の
医者が
お勧めしません
医者が
お勧めしています

情報は、異なるニーズを満たすために設計される

あなたのお気に入りの本のコンテンツ（内容）であるページを破り取り、床の上にばらまいたら、そこにできた言葉の山はもう、お気に入りの本ではありません。

お気に入りの本に書かれている言葉をひとつひとつ定義し、アルファベット順に並べたら、それはお気に入りの本ではなく辞書になるでしょう。

お気に入りの本に書かれている言葉について、その言葉と同様の定義を持つ単語を集めて整理すれば、それはお気に入りの本ではなく類語辞典になるでしょう。

この辞書も類語辞典も、書かれている内容はもとのものと同じであっても、あなたの気に入っていた本とはすっかり別のものになっています。本というものは、その構造と内容の両方によって、どう解釈するか、どう活用するかが定められるものなのです。

たとえば、「10人中８人の医者がお勧めしません」と「医者がお勧めしています」という言い方は、どちらも間違ってはいません。しかし、それぞれは別の意図を持っていることがわかるでしょう。

ユーザーは複雑

ユーザー（利用者） とは、人を表すための単語です。しかし、私たちが自分以外の人に対してユーザーという言葉を使うとき、暗にそれは自分が作ったものを使っていることを想定しがちです。それは、ウェブサイトだったり、製品やサービスだったり、食料品店だったり、博物館の展示だったり、人々が操作する他の何かかもしれません。

ものを使用したり解釈したりすることに関して、人はとても複雑な生き物です。

私たちは矛盾に満ちています。私たち人間は、不可解な行動を見せることで知られています。携帯電話の使い方から食料品店の店内での移動の仕方まで、まったく同じ行動をとる人は１人としていません。私たちには、自分の行動の理由がわかってはいません。自分が、なぜあるものを好きなのかよくわかっていませんが、それを見ているときは、それを好きであることを確かにわかっています。私たちはとても気まぐれなのです。

私たちは、ものが「デジタル」であることを期待していますが、同時に多くの場合に、「物質的《フィジカル》」であることも期待しています。「全自動の魔法」のような感触を求めながら、同時に「人間味」も保っていてほしいのです。「安全」であってほしいけれど、「監視」はされたくはないのです。そういったふうに、私たちは気まぐれに言葉を使います。

そしておそらく最も重要なのは、私たちは、自分たちがやる価値があるかどうかを判断するために、他人の経験を簡単に参考にできることを知ってしまっていることです。

ステークホルダーは複雑

ステークホルダー（利害関係者）とは、あなたの仕事に対して真っ当に関心を持つ人のことです。ビジネス、プライベート、あるいは両方のパートナーは、ステークホルダーたりえます。

上司、クライアント、同僚、配偶者、家族、同級生、友達などは、一般的なステークホルダーです。

私たちは、自らステークホルダーを選ぶこともあれば、そのような選択肢はなく贅沢を言えないときもあります。いずれにせよ、ステークホルダーを理解することは、成功にとって欠かせません。お互いが足を引っ張り合えば、進展は止まります。

ステークホルダーと見ているものが違っていれば、一緒に働くことは難しいでしょう。

しかしながら、複数の選択肢や個人の嗜好は、プロジェクトに影響を及ぼします。私たち人間は、意思決定の際に、複数の選択肢をもとに検討することができる生き物なのです。

多くの場合、混乱を解決するのに、正しい方法も間違った方法もありません。ただ、選択肢は数多くあります。時には私たちは、自分の意見や嗜好を忘れて、すべての選択肢を公平に比較し、ステークホルダーたちを巻き込むためのいちばん良い方法を探さなければなりません。

行うことは知ること

「知っている」だけでは十分ではありません。「多くを知り過ぎている」ことで、私たちはぐずぐずと手間取ることもありえます。実際に行うことよりも、知り続けることを優先すると、ある時点から混乱が増してきます。

情報設計を実践するということは、あなたの今現在やっていることをいったん過去に追いやってしまう勇気を示すということです。それは、変化を促す問いかけをし続けるということです。それには、他人に対しての誠実さと信頼が必要です。

時には、私たちは他の人が混乱を解決することに失敗したその先に進まなければなりません。そんなとき、私たちは彼らよりもより明るく、より長く、課題を照らし出さなければならないかもしれません。ですが、それはチャンスなのかもしれないのです。私たちは先人の運命の結果を知っています。でも、自分たちがどうなるかはまだわかりません。それは、やってみるまでわからないのです。

ライトを点けたら、部屋に恐ろしい怪物たちがたくさんいるとわかったら？　ライトを点けたら、実は部屋には何もないとわかったら？　さらに悪いことに、ライトを点けたら、自分たちは暗闇の中で生きてきたのだと初めて気付くとしたら？

実際のところ、現実にはあらゆる可能性が存在し、それを理解することがこの本の旅の一部なのです。そして、次に何が起こるかを知るには、実際にやってみるしかないのです。

カールの場合

カールはデザインを学ぶ学生で、間もなく卒業する予定です。その前に、自分のデザイン作品を説明する本を制作し、10分間の発表を行わなければなりません。

デザイナーとしては優れた才能を備えているものの、大勢の人の前で話をすると緊張し、文章を書くのも苦手です。机の引き出しや箱には、メモ、落書き、スケッチ、雑誌の切り抜き、引用文、試作品などがぎっしり詰まっています。

本を作り、発表を行うのに必要な資料はそろっています。また、今はやる気が全開なので、目の前の混乱と向き合う不安をかき消すことができそうです。

カールが自身の混乱を見極めるために、その大きさと深さを探る問いから始めてみましょう。

- 彼の発表の対象者は誰か？　その人たちについてすでに知っていることは？　もっと詳しく知るにはどうすればいいか？
- ステークホルダーは誰か？　その人たちが期待していることについて彼は何か知っているか？
- 作品をどのように解釈してほしいのか？　その解釈を助けるためにどのような内容が必要か？
- 解釈してほしいと考えているところから外れてしまうとしたら、その原因となりそうなものは何か？

あなたの番です

この章では、混乱の大きさと深さを見極めることがどうして重要かについて述べてきました。ですから、あなたは不安を和らげて先に進むことができるでしょう。

私はまた、ここでは真理の先に目を向け、ユーザーとステークホルダーが言葉やデータやコンテンツをどのように解釈するのかに注意を払う必要性について述べました。

あなたが直面している混乱を見極めるために、まずは以下の問いに取り組んでみましょう。

- ユーザー：あなたが対象としているユーザーは誰か？　彼らについて何を知っているか？　どうすれば彼らをもっとよく知ることができるか？　彼らならこの混乱をどう説明するか？

- ステークホルダー：あなたのステークホルダーは誰か？　彼らの期待していることは何か？　ステークホルダーはこの混乱をどう思っているか？　彼らならこの混乱をどう説明するか？

- 情報：あなたはどんな解釈を行なっているのか？　データやコンテンツが不足している状況で、どのような情報が生み出されるか？

- 現在の状態：あなたが対処しようとしているのは、情報過多、情報不足、適切でない情報、あるいはこれらの組み合わせか？

あなたの混乱を描こう

直面していると思われる混乱を
描いてみてください

ユーザーやステークホルダーが
あなたの混乱を説明するとしたら、
どんな単語を使うと思いますか？

目標
決意
切望
推進
成功
満足
目的
意図
空想
野望
野心
重点
目的
欲望
欲求

第 2 章
意図を**表明する**

意図は言葉

意図とは、私たちが何かあるものに持たせたい効果のことを指します。私たちは、意図について語るときはいつも、言葉によって決断を行なっています。

私たちの言葉の選択は、私たちがどのように私たちの時間やエネルギーを使うかに影響します。行きたいところを示す言葉があるということは、離れたいところを示す言葉もあるのです。

アミューズメントパークを作るというとき、それはビデオゲームを作ろうとしているわけではないでしょう。子供を楽しませようと思うのなら、物語《ストーリー》を使うべきで、メタファーを使うべきではないでしょう。リラックスできるものがほしいのなら、教育的なものではないほうがいいでしょう。

選ぶ言葉が重要なのです。それらは、私たちが世界にもたらそうとしているアイデアを表現しているのです。

計画を作るためには、言葉が必要です。アイデアをものごとにするためには、言葉が必要なのです。

たとえば私たちが、持続的《サステナブル》でエコなデザインソリューションを作ろうとするとき、私たちはその顧客向けに、分厚くて派手な紙のカタログを使うわけにはいかないでしょう。言葉の選択によって、私たちは自身の選択肢を制限しているのです。

「良い」とは何か？

言語とは、意味の共有のための、何らかのコミュニケーションの仕組みです。1つの言語においてさえ、1つの言葉は異なった状況で異なった意味を持ち得ます。このことは、**同形異義語**《ホモグラフ》と呼ばれます。たとえば、「pool」という言葉が、スイミングプール、ビリヤード、あるいは賭け金のことであるように、複数の意味を持つというようなことです。

認識とは、ものを考え、解釈するプロセスのことです。それは、真実がそうであるように、主観的なものです。ある人にとって美しいものであっても、違う人にとっては目障りかもしれません。たとえば多くのデザイナーは、ラスベガスのカーペットのゴテゴテとした模様を「けばけばしい」と評すでしょう。頻繁にカジノを訪れる人は、これを「美しい」と評します。

これらのカーペットの選択が、私たちにとって良くても悪くても、そのようになっていることには理由があります。ラスベガスのカーペットは、飲み物がこぼれたり客が歩いて擦り切れるのを目立たなくするために、けばけばしいカラフルなデザインになっています。ギャンブルをする人にとって、自分たちが楽しくやっていることと結び付いているこのカーペットのデザインは、楽しいものでしょう。ラスベガスのカジノのオーナーと客にとっては、このカーペットのデザインは良いものなのです。デザイナーにとっては、悪いものです。これはどちらが正しいとも言えません。どちら側にも意見があるのです。

私たちの意図することが、「良い」や「悪い」といった単語の定義の仕方を決めるのです。

良さは見る人の目の中にある

7年間のビジネスにとっての良い事柄は、7週間のビジネスでは良い事柄ではないかもしれません。ある人にとっての良い仕事は、他の人にとっての破壊的な仕事であるかもしれません。

ステークホルダーとユーザーに対して、何が「良い」のかを定義していないとき、私たちは言葉を有利に使えていません。何が良いことかを明確に理解していないと、どこからともなく悪い事態がやってくるかもしれません。

そして、「良い」情報設計を実践するためには、良さの意味を定義しなくてはなりません。そしてこのような類いの集中が必要なのは、設計段階だけではありません。

あなたが行うあらゆる意思決定は、あなたが良いと定義した内容を支えるものでなければなりません。その意思決定とは、あなたが選ぶ言葉、実行に移す作業、そのあいだにあるものなど、すべてについてです。

意思決定する際には、ステークホルダーとユーザーがあなたに期待している事柄と同時に、彼らが良いと信じている事柄についても考慮し、バランスを図らなくてはいけません。

良く見えること
vs
使いやすいこと

きれいなものが役に立たないこともあります。醜いものが役に立つこともあります。美しさと品質は、常に関連性があるわけではありません。

何かものを作るとき、私たちは良く見えること（looking good）と、使いやすいこと（being good）に、等しく注意を払うべきです。その二面性のどちらかが不足した場合、全体の評価が下がります。

ユーザーとして私たちは、見た目の良いものは役に立ち、よく考え抜かれてもいるだろうと推測するでしょう。その仮定が正しいかどうかを知るためには、ほんの1、2分を要するだけです。もし使いやすくないのであれば、すぐにわかるでしょう。

センスメイカーとして私たちは、思考の美しさと品質の関係について、上記と同じような考えの犠牲になることがあります。

きれいなものには用心してください。きれいなものは嘘をつき、現実から隠れていることができます。醜いものも同様です。

私たちの周りの困難な問題を解決しようとするなら、難しい問いかけを行い、見た目よりも深く掘り下げ、本当に良いものかどうかを見極める必要があります。

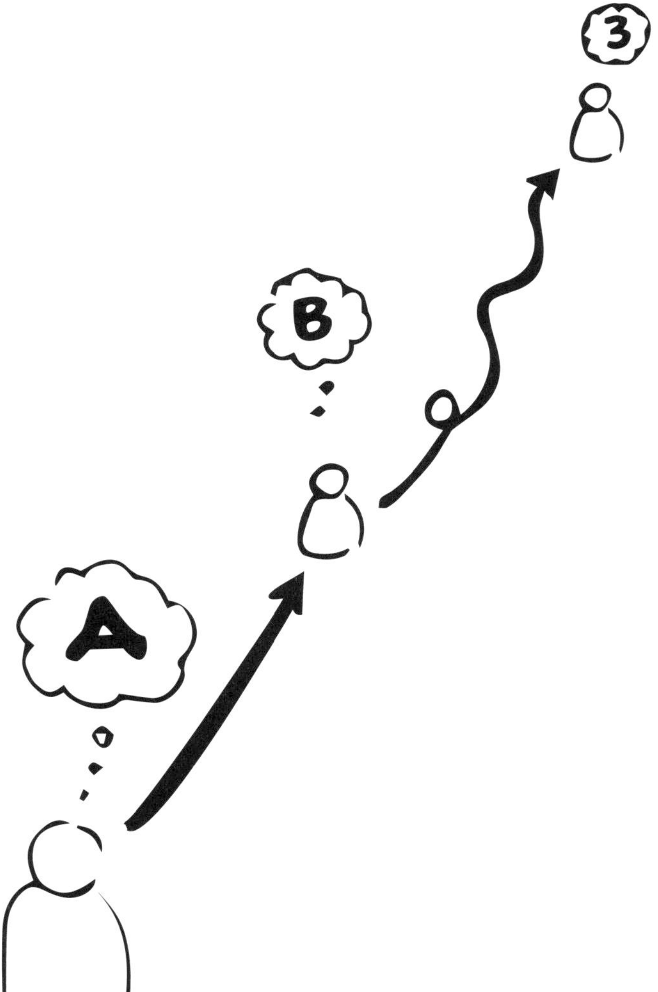

入り組んだ人のつながりを介して情報が伝達されるとき、
どれだけ多くの時間がかかり、
意図した意味がどれだけ歪められていますか？

（意味は伝言のなかで失われる）

子供の頃、伝言ゲームをして遊んだことはありますか？

グループになった子供たちが、列を作って順番にメッセージをこっそりと耳打ちで伝えていきます。このゲームの趣旨は、メッセージが人のつながりを介して伝えられていくことで、どれだけ最初の意味と違ったものになるかを楽しむことです。

意味は、ほんのわずかな違いでも失われます。意味とは、人の認識によって包まれたものであり、また主観的なものです。誤解の原因の大半は、意味の取り違えや、メッセージが誤って伝わることから起こります。

特に他人と一緒に仕事をするにあたっては、誤った伝達はさまざまな食い違いやイライラの原因につながります。

メッセージを正しく相手に伝えることは、誰にとっても骨の折れることです。お互いに混乱を避けるため、私たちは自分のメッセージが相手にどのように解釈されるのかをよく考えなくてはなりません。

「誰」が重要

メッセージを届けたい相手に対して、伝えようと思っている意味は、それがわかりにくかったり、間違って伝わったりすれば、まったく無意味になってしまいます。

私たちは、意図しているユーザーのことを考えなければなりません。それは顧客であることもあれば、一般生活者かもしれません。そしてそれは、しばしばステークホルダーであったり、同僚であったり、従業員であったり、パートナーであったり、上司であったり、そしてクライアントであったりもするのです。こういった人々が、私たちのコミュニケーションの対象者です。

誰が重要かを考えるために、以下の質問をしてみましょう。

- 合意を得るためのキーパーソンは誰か？
- 話をするのに最も重要なのは誰か？
- 彼らを身構えさせるのはどんな言葉か？
- 彼らをリラックスさせるのはどんな言葉か？
- 彼らは変化にどれくらい寛容か？
- 彼らの人生にその変化はどういった影響を与えるか？
- 現状は彼らにどう映っているのか？　ポジティブかネガティブか？

「なぜ」から始める

いま作っているものに潜む「なぜ？」を理解することは、そのものに潜む意図と潜在的な可能性とを解き明かすことにつながります。

人々が、自分自身がどうしてそれをやっているのかがわかれば、その先はよりクリアになり、各人は自身の負うべき責任を自然に理解できるでしょう。

強力な「なぜ」を持ち続けることだけが、あなたを先に進めてくれます。弱い「なぜ」ではだめです。あなたの「なぜ」は、単に形式的なものではなく、あなたの行うこと自体の一部であるべきです。

なぜ？　何かを行う明確な理由がなければ、どんなに献身的で仕事に忠実な人であっても、仕事を最後まで成し遂げる希望を持ち続けることが難しいからです。

「なぜ」という疑問を持って始めるために、以下のことを自らに問いかけてみましょう。

- なぜこの仕事は終わらせる必要があるのか？
- なぜ変化が必要なのか？　なぜそれらの変化に意味があるのか？
  他の人には関係するか？
- なぜこれまでこの問題は正しく扱われてこなかったのか？
- なぜ今回は別なのか？

「どうやって」の前に「何を」

何を作ろうとしているのかわかっていないのに、調理を始めるべきではありません。同じように、設計図がないのにビルを建てることはありません。

何を達成しようとするのか？と考えずに仕事にすぐに取り掛かかってしまうと、間違った問題を解決してしまうことになりかねません。方向を決めるのに使うべきエネルギーを、無駄に費やしてしまうかもしれないのです。

自分がやることを決める際には、以下のことを自らに問いかけてみましょう。

- あなたが変えようとしているのは何か？　未来に向けてのビジョンは何か？　あなたの能力の範囲でできることは何か？
- いま現在あるものについて、何がわかっているか？　どんな調査をさらに行えば、それがわかるようになるか？
- すでに試されたことは何か？　その経験から、あなたは何を学べたか？　市場や競合会社はどんなものか？　これについて過去に成功したり失敗した人はいるか？

さまざまな「どうやって」

「there are many ways to skin a cat」［直訳すると、「猫の皮を剥ぐ方法は1つだけではない」。ものごとを達成するにはいろいろなやり方がある、という意味］ということわざは、意図していることを実現するためにはいろいろなやり方がある、ということを教えてくれます。ほぼ何事においても、いろいろなやり方があるものです。

あなたが取り組んでいるものが美術館の展覧会であれ、新聞記事の執筆であれ、スーパーマーケットの運営であれ、方向を決める前には選択肢のすべてを検討すべきです。

ものごとに取り組むにあたって、「なぜ」に真摯に向き合い続けている限り、「どうやって」の可能性は無限に増えていきます。

選択肢を考えるにあたって、以下のことを自らに問いかけてみましょう。

- どのようにメッセージを伝えられるのか？
- それにはどれくらいの時間と努力が必要か？
- そのやり方はどのように見えて、どう感じられるか？
- それはどうやって作り出されるか？
- それはどうやって継続されるか？　どうやって効果を測るか？
- どうやって成功したと判断するか？

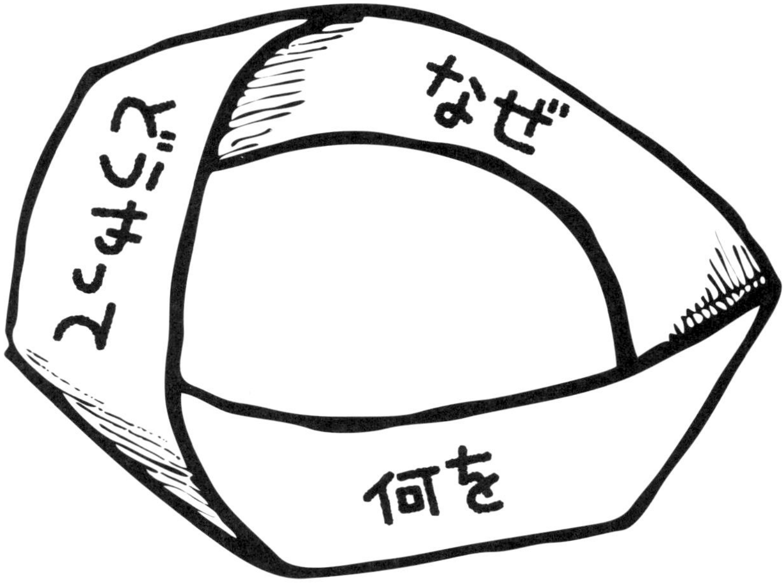
なぜ
どうやって
何を

「なぜ」「何を」「どうやって」は相互に関わっている

私たちの「なぜ」、「何を」、そして「どうやって」は、そうそう都合良く順番に決められるわけではありません。この根本的な問いに対しての答えは、刻々と変化するでしょう。

あなたの「なぜ」は、「ToDoリストのこの項目にチェックをしたいから」かもしれませんし、「ちょっとこの素材やアイデアを試してみたいから」かもしれません。

その結果として生まれてくる「何を」は、「思いついた最初のものを作ってみる」になるでしょう。

この「何を」は、当初の意図に対して大したものではないかもしれません。しかし、あなたの意図はすでに示されているのです。この最初の一歩は、あなたの「なぜ」や「何を」に対しての回答であり、何が正しいのかを「どうやって」決めるかの指針となります。あなたのとるアクションが、あなたの回答の成果となるのです。

どうしてそれが重要なのか、あなたが本当に成し遂げようとしていることは何なのかを理解しないまま、どれくらいの時間を仕事に費やそうとしていますか？　これらの根本的な問いに向き合い続けることは、日々の生活の大きな部分を占めているのです。

言葉は意図の原料

私たちの選ぶ言葉は、私たちの作り出すものや、どうやってそれらを考えるかを、変化させます。私たちの言葉は、私たちの成果をどのように理解するかも変化させます。

この本を執筆するにあたり、私の意図は以下のようなものでした。

- 理解しやすい本
- 初心者に優しい本
- 多くの状況において役立つ本

その結果、以下の事項には当てはまらないことを受け入れなければなりませんでした。

- 学術的な本
- 専門家向けの本
- 特定の状況で役立つ本

カレンの場合

カレンはスタートアップ企業の製品責任者です。彼女の会社の CEO は、乱戦模様の市場で自社製品を発売することにおいて大事なのは、見た目と雰囲気が「おしゃれ」なことだと考えています。

カレンは最近、ターゲットとなるユーザーに同商品をテストしてもらう調査を行いました。調査結果を手にした彼女は、CEO が「おしゃれ」だと思うデザインが、アピールしたいユーザー層には「冷たい」と思われてしまう可能性が高いと心配しています。

カレンには調査結果という味方がありますが、それでも会社組織にとって「良い」こととはどんなことなのかを明確にする必要があります。彼女のチームに対し、明確な意図を示す必要があるのです。

意図を固めるために、カレンは CEO に、ターゲットユーザーの趣味趣向は現状の自社製品の見た目と雰囲気にはぴったりとは合っていないと説明します。

話し合いの際に、まず調査対象のユーザーが、その製品の対象となるターゲット層に含まれていることを確認します。

次に、調査によって導き出された課題と改善の項目リストを CEO が作成するのを手伝います。

その後カレンは、調査結果をチームのメンバーに伝えるための方策を考えます。

あなたの意図を表明しよう

カレンのように、あなたの意図を表明するために使う言葉が、あなたの邪魔になっていないことを確認する必要があります。あなたの意図を表したり、他の人たちと自分の使う言葉の意味を明確にするためには、以下の練習が役立つでしょう。

- まず最初に、あなたが作っているものを説明するために、自分のユーザーに使ってもらいたい形容詞の言葉をいくつか選びます。
- それから、同じことを説明するために、使わない形容詞の言葉をいくつか選びます。

このエクササイズをする際は、以下のルールが役に立ちます。

- ひとまとめにしたとき、同じことを示す言葉の繰り返しになったり、互いに矛盾しないようにします。2番目の組は、最初の組の単なる反意語の集合にならないようにします。
- 「遅い」とか「悪い」とか「醜い」といった否定的な形容詞は避けましょう。各単語はできるだけ中立的な意味にしておいてください。どちらが肯定的でどちらが否定的なのか、誰が見ても見分けることができないリストを作るのが良い方法です。

あなたの言葉を選ぼう

私の仕事がユーザーに
以下のように形容されるのが理想です：

それはつまり、
以下のようには形容されません：

事実
意見
体験
認知
感情
見込
真実
現実
主観
世間
実在
資産
環境
題材
文脈

第 3 章
現実を**直視する**

現実と向き合うことで解決策を見つけることができる

何かを生み出そうとするときにはいつも、これ以上じっくり考えている時間はないという局面がやって来ます。その時こそ、行動を起こし、作り出し、何かを実現し、そしておそらく失敗する時なのです。

こういったときに必ずつきまとう、とらえどころがないものとして、恐れの感情があります。恐れによって、私たちは鬱々と考え、ますます落ち着かない状態になり、行動をすっかり支配されてしまうことがあります。私たちが恐れるのは、失敗かもしれませんし、成功かもしれません。または、私たちの行く先を照らす光そのものかもしれません。

恐れに立ち向かい、何が現実かを知ることは、混乱を解きほぐして《センスメイキング》整頓するうえで、とても重要な要素です。

現実と向き合うことが、私たちのこの旅の次のステップです。この章では、あなたが出会うさまざまな現実の「ウサギの穴」[不思議の国のアリスで登場する。新しい世界への入り口の意味]を探検するときに、見つけたものを形にするために持って行ける視覚化のテクニックを紹介します。

先へ進む前に、まず警告しておかなければなりません。現実社会の詳細を突き詰め、理解するにつれ、あなたは自信を失うかもしれません。あまりの混乱のため、センスメイキングすることなどできないと感じてしまうかもしれません。でも、心配はいりません。何かを変えようとするときには、誰にでもそういった考えが起こるものなのです。私たちは皆、現実を取り扱わなければなりません。欲しいものを求めることによって、得たいものを得ることができるのです。

現実において関わる人たちのタイプ

混乱に立ち向かう中で、あなたが出会う人はいくつかのタイプに分けられるでしょう。

- 現在のユーザー：なんであれ、あなたが作っているものと関係する人たち。
- 潜在的ユーザー：あなたが作っているものをこれから届けたいと思っている人たち。
- ステークホルダー：あなたが作っているものの成果を気にしている人たち。
- 競争相手：あなたの現在のユーザーと潜在的ユーザーを奪い合う人たち。
- 気を散らす人：あなたの意図する目的から注意を奪ってしまう人たち。

あなたは、自分自身でこれらの役割を演じるかもしれませんし、役割によっては相互に矛盾や衝突が起こる可能性もあります。

たとえば、あるユーザーが、自分と同じ考えだと思っていても実際は違った場合、間違った思い込みと情報の伝達不足になる余地が増えてしまうということです。

現実において関わる要因のタイプ

あなたが何を作っているのであれ、以下のような要因について考える必要があるでしょう。

- 時間：「私の使える時間は＿＿＿＿＿＿＿＿だけだ。」
- リソース：「私は＿＿＿＿＿＿＿＿を仕事に使うことができる。」
- スキルセット：「私は＿＿＿＿＿＿＿＿ができるが、
  ＿＿＿＿＿＿＿＿についてはまだできない。」
- 環境：「私は＿＿＿＿＿＿＿＿のような環境下で仕事している。」
- パーソナリティ：「私はこの仕事を通じて、
  皆に＿＿＿＿＿＿＿＿な人だと思われたい。」
- ポリティクス：「私は周りの人々に、この仕事を通じて、
  ＿＿＿＿＿＿＿＿を＿＿＿＿＿＿＿＿した人だと
  言われたい。」
- 倫理：「この仕事を＿＿＿＿＿＿＿＿のために、
  皆が正しいと感じるものにしたい。」
- 完璧さ：「私はこの仕事を人に誇れるような品質に高めたい。
  つまり＿＿＿＿＿＿＿＿のようにしたい。」

チャネルとコンテクスト

チャネルが情報を運びます。テレビとYouTubeで配信されるCMは、2つのチャネルから入手することが可能です。同じようなメッセージは、メールの受信箱、看板、ラジオ番組、郵便物などにおいても見ることができるでしょう。

コンピュータの前に座りながらスマートフォンをいじっている人や、テレビを見ながら雑誌を読んでいる人をよく見かけます。私たちはこのように、チャネルをまたがりながら生活しているのです。

ユーザーにとっての**コンテクスト**（文脈）とは、私たちがどこにいるか、何をしようとしているか、どのように感じているか、そして私たちの経験をかたちづくるものも含め、自分たちの置かれている状況のことを示します。コンテクストは、常に私たちにとって固有のものであり、その状態がずっと続くことは期待できません。

もし私がテレビ番組を見ながらその番組についてツイートするとしたら、私のコンテクストは、「ソファーに座りながら、自分が観ているものについて、自分の反応を共有しようと思うほど興奮している」ということになります。

このコンテクストで、私は異なったチャネルを使っています。つまりTwitter、スマートフォン、テレビを利用しているのです。

現実の「交差」点

テレビを見ながらツイートすることは、2つのチャネルが一緒に作用して1つのコンテクストに対応する一例です。

また、1つのチャネルが複数のコンテクストに対応することもできます。たとえば、あるウェブサイトは、家のソファにスマートフォンで、またはカフェに設置されたタブレットで、またはオフィスのデスクトップコンピュータでも利用できるかもしれません。

1つの混乱を解決しようとしているとき、たとえ1つのチャネルにおいて最も単純なコンテクストを相手にしているときであっても、考えなければならないことが多すぎて呆然としてしまうでしょう。

「今扱っているものは単に__________にすぎない」と考えてしまうことが、陥りやすい単純な罠です。実世界の問題に対し混乱を解きほぐして整頓《センスメイキング》するには、ユーザー、チャネル、そしてコンテクストが互いにどのように関連し合っているのかを理解する必要があるのです。

あなたのユーザーは、どのチャネルを好みますか？　あなたが作っているものに出会ったとき、ユーザーはどのコンテクストの状態にいる可能性がありますか？　彼らは、どのように感じていますか？　彼らは急いでいますか？　彼らは速いネットを利用できていますか？　彼らは娯楽のために、または仕事のために、そこにいるのでしょうか？

こうした細部を考慮することは、あなたとあなたのユーザーの理解度に大きな違いを生むでしょう。

現実は既存のパターンに必ずしも合わない

既存の解決策に飛びついていないか、既存の解決策を単に真似していないか注意してください。私の経験上、多くの人が、既存の解決策が自分の今のケースにも使えると勘違いし、その後、実際に適用するには困難だったと後悔するのをたくさん目にしてきました。

たとえば食料品店のクーポン券を作成するためのシステムを利用して、高級ファッション誌をデザインすることを想像してみてください。自分が必要とする機能が何なのかということも、この上記の例に似ていて、自分のコンテクストを考えて初めてわかることなのです。その瞬間初めて、現実に合った解決策が判明するのです。

ある１つのビジネスに莫大な成果をもたらす事柄は、別のビジネスを圧迫するかもしれません。子供たちのために働くことは、高齢者を困らせる可能性があるかもしれません。５年前にうまく機能したものでも、今日では機能しなくなっているかもしれません。

何かを採用する前に、私たちは既存の構造や既存の言葉を採用する影響について考慮する必要があります。

情報を設計するにあたっては、あなた固有のゴールにフォーカスしてください。それは、他人から学ぶこともできますし、借りてくることもできます。でもいちばんいいのは、あなたの意図している成果の視点で、他の人の意思決定を分析してみることです。

いったいどれくらい「百聞は一見にしかず」の議論がされてきたことでしょう。

現実と深く対話するための「オブジェクト」

特定のテーマについて議論する場合、あなたは無意識に自分の知識の中に広がる大きな地図を参照します。

他人からはこの地図は見えません。その地図は、あなたの頭の中にのみ存在しているので、**メンタルモデル**と呼ばれます。

何か問題に直面したとき、あなたは自らのメンタルモデルを参照し、認識可能なパターンの中で、目にしたものの側面や複雑性を整理しようと試みます。メンタルモデルは、あなたの日々の経験により変化します。この本はまさに今、そのメンタルモデルを変化させているのです。

私たちは、マップ、ダイアグラム、プロトタイプ、リストなどのオブジェクトを、私たちが理解し、感じたことを共有するために作ります。こうした**オブジェクト**によって、私たちはお互いに自分たちのメンタルモデルを比べることができるのです。

これらのオブジェクトは、私たちのアイデア、行動、洞察を表現します。対話の中でこれらのオブジェクトを使うことによって、ただ口頭で説明するよりも、より深く、詳細にわたって議論を進めることができるのです。

たとえば自動車のエンジンの内部構造を説明する場合、画像、アニメーション、設計図、または実際に動作する模型を用いると、構造を伝えることがずっと簡単になります。

誰のためのオブジェクトで、それはどのように使われますか？

スコープとスケールを決めてからスタートする

ダイアグラムやマップのようなオブジェクトを作る前に、そのスコープ(範囲)とスケール（規模）を決めることに時間をかけてください。

スコープは、ダイアグラムを書くために、その範囲を明確に定義したものです。たとえば、現実に存在する家の設計図のスコープは、家を構成している各部屋を図示するだけでなく、周辺の土地も含めて一回り大きく描かれています。

スケールは、あなたが書いたダイアグラムに対する相対的なサイズです。壁全面に貼り付けるマップのスケールは、通常サイズの紙に印刷されたマップのスケールよりも大きくなるはずです。

スコープとスケールを考えるために、以下のことを自らに問いかけてみましょう。

- 人々は、理解するためにどんな情報を必要としているか？
- マップやダイアグラムで表すものの端や縁、末端はどこか？
- あなたがマップやダイアグラムに書き示していない情報は何か？
- このマップやダイアグラムをどこで見るか（例：壁に貼って見る、プレゼンテーションで見る、書類サイズの紙で見る）？

タイムスケールを意識する

スコープやスケールについて考える際には、そこで扱うタイムスケールについてもじっくりと考えましょう。

タイムスケール（期間）とは、あなたのマップやダイアグラムが表現している特定の期間のことです。

- 過去：過去を振り返り、ものごとはどうであったか？
- 現在：今はものごとはどうなのか？
- 未来：将来にはどのようになりそうか？

何かの改良を提案する前に、当時ものごとがどうであったか、あるいは現在はどうなのかと考えるのは、将来を予測するよりはるかに簡単です。

もし、前年度の米国の医療制度改革について整理しようと思ったら、私たちは３つのタイムスケールについて図示することができるでしょう。

- 過去：10 年前には医療制度はどうであったか？
- 現在：今日の医療制度はどうか？
- 未来：改革の結果、医療制度がどのように機能することが望ましいか？

レトリックの活用

レトリック（修辞法）とは、聞き手をうまく説得させる効果を狙ったコミュニケーションパターンのことです。

ここでは、ダイアグラムやマップに持たせる、意味づけ方のパターンを紹介します。

- 兆候：将来の問題を指摘する（例：ゴミ埋め立て地の過去、現在、想定される将来の推移を示したマップ）。
- 選択肢（オプション）：可能な姿を示す（例：アプリケーションの設定において、ユーザーがとりうる道筋を示したダイアグラム）。
- 改善点示唆：そうならなければならない姿を示す（例：ユーザーリサーチの間に見つかった示唆を示したダイアグラム）。
- 確認：かつてそうであった、もしくは現在そうである姿を示す（例：近隣の地図）。
- 予定：そうなるであろう姿を示します（例：自転車レーンが備わる近隣の地図）。

一方向の関係：

双方向の関係：

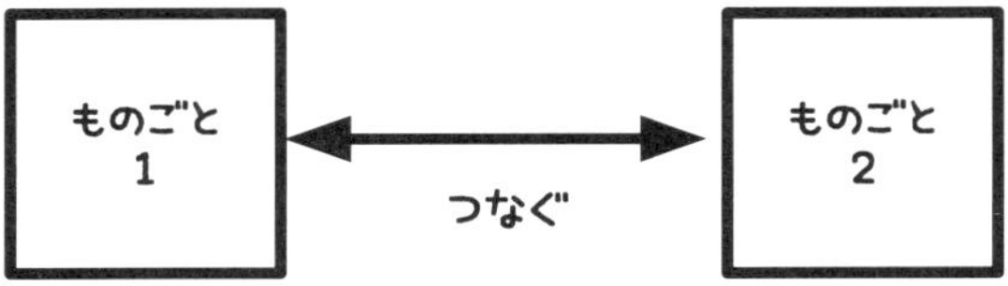

論理に基づいた関係：

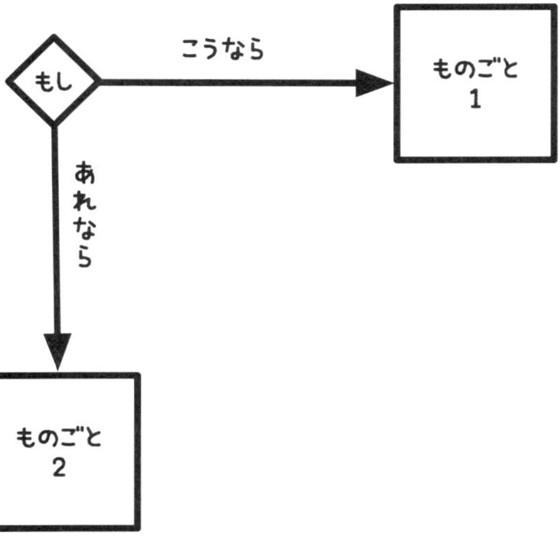

デザイン前の設計

箱（ボックス）と矢印（アロー）を利用したダイアグラムで、複雑なストーリーを伝えることができます。箱はものごとを表し、矢印はものごとの関係を表します。

これらの関係は、一方向の場合（例：小包を郵便ポストの中に入れる）もありますし、双方向の場合（例：郵便局に電話をかけて、小包が配達されたかどうかを問い合わせる）もあります。

判断の分岐点を表すためには、菱形の印を使います。この印により、状況によって変化する関係性を図示することができます。

ダイアグラムを作成するときは、その構造に柔軟性を持たせておいてください。箱が移動できる余白を作っておき、箱を動かして、何が起こるかを確認してください。

各コンセプトやコンテンツの各部分、各プロセスに応じて、まずは箱を作ることから始めてください。その後、それらがどのように関係し合っているのかを考慮したうえで、いろいろと工夫しながら箱を配置してください。そして、箱を動かすにつれて何が表現できているのかを確認していきましょう。矢印を加える前に、何パターンかの異なる配置を試してみましょう。

シンプルさを保ちましょう。ダイアグラムに装飾を加え過ぎたり、洗練させ過ぎたりすると、変更するときや共同作業したりするのが面倒になってしまいます。

整理整頓

人は、表紙によって書籍を判断するように、見た目が整っているかどうかでダイアグラムを判断します。

ある情報が、いかに正しく信頼できるものであり、役に立つものかを判断する際、人は美的感覚を手掛かりにします。ですから、プロセスの初期段階であまりにも多くのことをデザインしたり、あまりにも丹念に作り込んだりしないで、自分の伝えようとしていることを整った表現で示すことが、あなたの仕事なのです。

ダイアグラムを作成するときは、ステークホルダーのことを常に心に留めておいてください。彼らはそのダイアグラムを理解してくれるでしょうか？　何かが彼らの集中力を低下させたりはしないでしょうか？　歪んだ線、スペルミス、単位の間違いなどは、見る人を道に迷わせてしまいます。もともとある混乱の上にさらなる混乱を重ねないように注意してください。

ダイアグラムは、フィードバックを素早く取り入れて議論を続けられるように、変更しやすくしておくことを心がけてください。そうすれば、ダイアグラムについて言い訳をしたり、言い争ったりしないで済みます。

ダイアグラムは、更新しやすく十分に柔軟である一方、最終的にはステークホルダーがそれを理解し、そのダイアグラム関して適切なコメントができる程度に、見た目が整っているべきなのです。

「道具箱」を拡張する

ダイアグラム、マップ、チャートのような「オブジェクト」は、万能ではありません。あなたの目的に活用し、応用し、そして拡張してください。

私が目にする初心者の犯しがちな最も大きな過ちは、彼らが自分の知っているダイアグラム作成やマッピングのテクニックですべてを解決してしまおうとすることです。

ダイアグラムやマップの形、特性、使い方に関するバリエーションは、数千、あるいはもしかしたら数百万以上あるでしょう。そして、さらに多くのものが日々作られ、試されています。

より多くのダイアグラム表現を知るようになれば、たくさんの道具を持っていることになります。より多くの手法で混乱をまとめることができれば、他の分野に対しても、より大きな可能性を持ってその解決法を見通すことができるようになるのです。

あなた自身の「道具箱」を作るために、私が仕事のなかでいつも使っている10のダイアグラムとマップを紹介しましょう。

あなたの混乱をこれらのダイアグラムのひとつひとつに当てはめ、どれがいちばん役立つのかを想像しながら読んでみてください。

1. ブロックダイアグラム

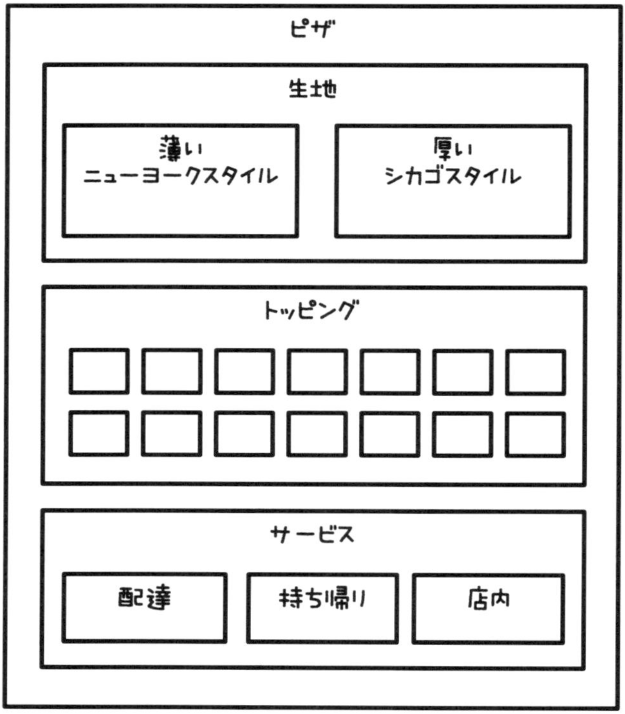

ブロックダイアグラムは、コンセプトを作るために、ものとそのものが持つ性質とがどのような関係を持つかを描いたものです。

コンセプトとは、人が持つメンタルモデルの中に存在する抽象的なアイデア、または一般的な観念のことです。たとえば、上のピザのブロックダイアグラムは、たくさんの選択肢から選んで購入できるというコンセプトを示しています。

2. フローダイアグラム

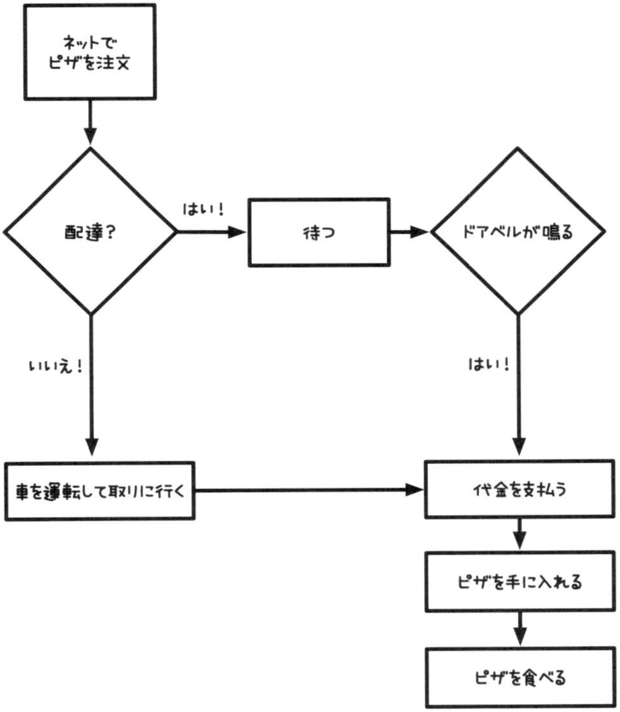

フローダイアグラムは、一連のプロセスの中でのステップや、タスク間のつながりを示したものです。ユーザーやシステムの条件も含まれます。

条件とは、そのフローのなかでのルールです。たとえば店に取りに行くか配達にするかで、フローのなかで私がたどる道筋は変わってくるでしょう。

3. ガントチャート

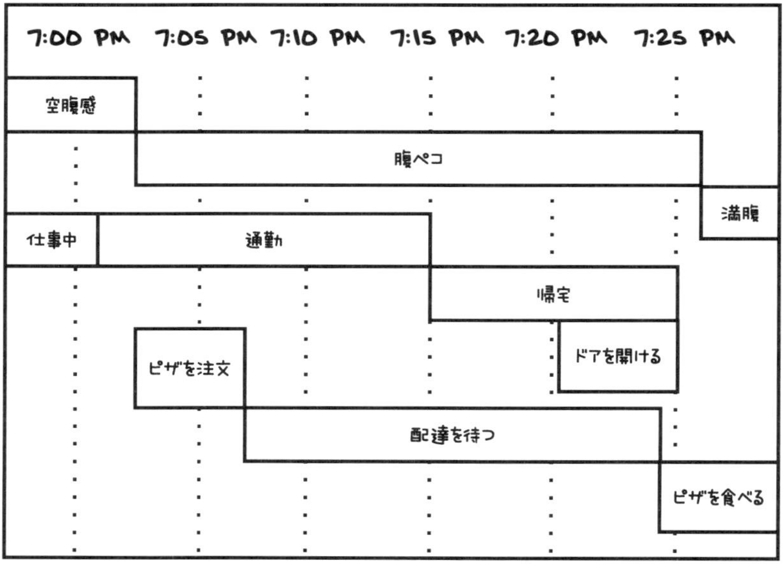

ガントチャートは、時間軸に沿って1つのプロセスが他のプロセスとどのように関係するかを描きます。ガントチャートの代表的な例として、タイムラインやプロジェクトプランがあげられます。こういったチャートは、人、タスク、時間の関係を理解するのに役立ちます。

4. 4象限ダイアグラム

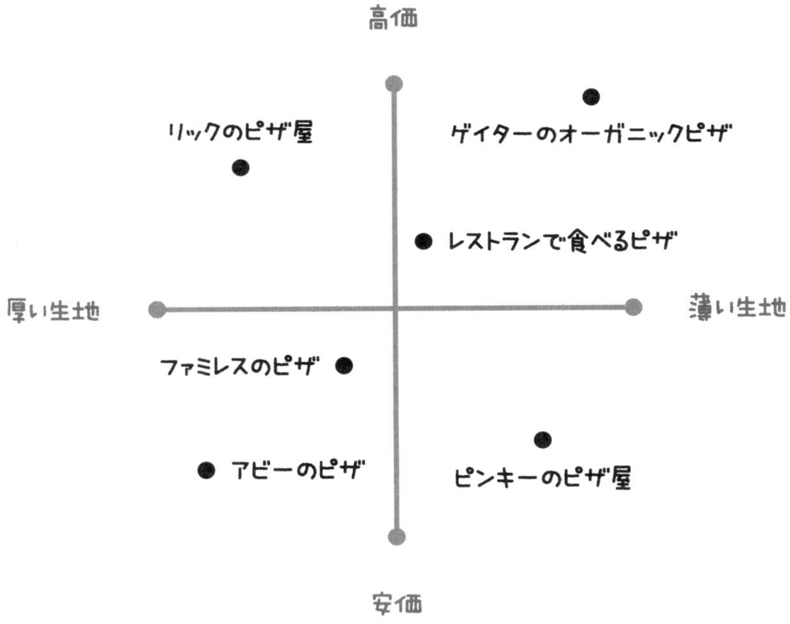

4象限ダイアグラムは、ものごとが他と比較してどうかを示すことができます。4象限ダイアグラムは、正確なデータ（例：ピザのスライスあたりの価格、ピザ一枚あたりの厚さ）、曖昧なデータ（例：ファンシーかカジュアルか、サービス品質、ピザの味）のどちらにもとづいてでも作ることができます。

このダイアグラムは、ピザの価格と、正確な厚さの測定結果を軸にすれば、もっと厳密になるでしょう（でも、ピザの厚さを正確に計れればの話ですけれど）。

5. ベン図

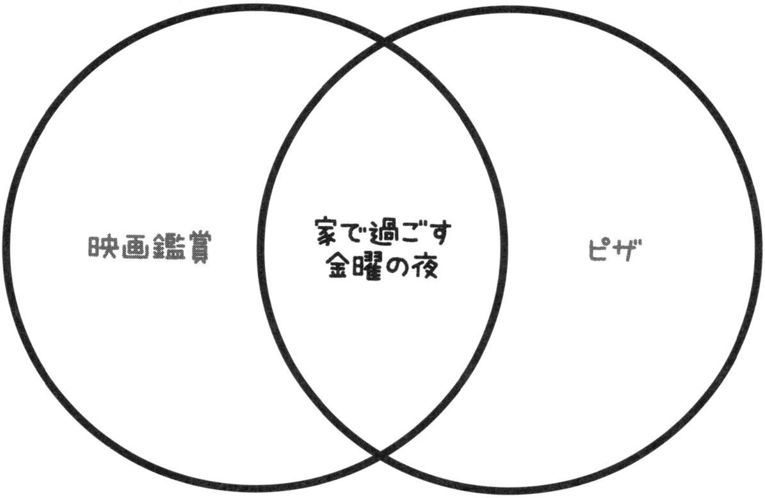

ベン図は、重なり合っているコンセプトやものごとを、強調して示すのに役立ちます。重なった共通部分が、対象のものごとがどのように関連しているかを表しています。重なった部分を「ハリネズミ」や「核」と呼ぶ人もいます。上記の例では、ピザと映画鑑賞の両方が、「家で過ごす金曜の夜」に関連しています。

これと同じ方法を、どんな類似点があるのかにもとづいてものごとを整理することに利用できます。たとえば、自分の好きな映画と、ピザが出てくる映画について別々の円を描くと、重なった部分に「ピザが出てくる好きな映画」が選び出されます。

6. スイムレーンダイアグラム

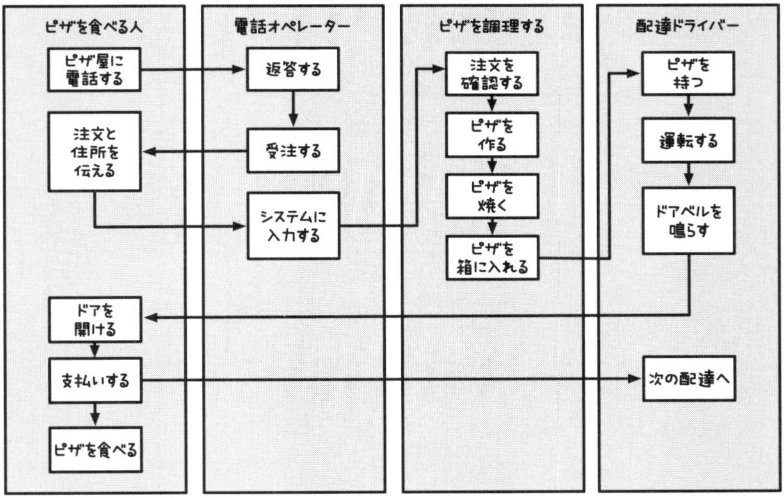

スイムレーンダイアグラムは、１つのプロセスのなかで、複数の関係者がどのようにタスクを遂行したり、関係し合ったりするかを描いたものです。スイムレーンダイアグラムによって、一人一人のユーザーのタスクリストが明確になります。このダイアグラムは、特に別々のチームや複数の人々が、どのように一緒に働くかを理解するのに役立ちます。

7. 階層ダイアグラム

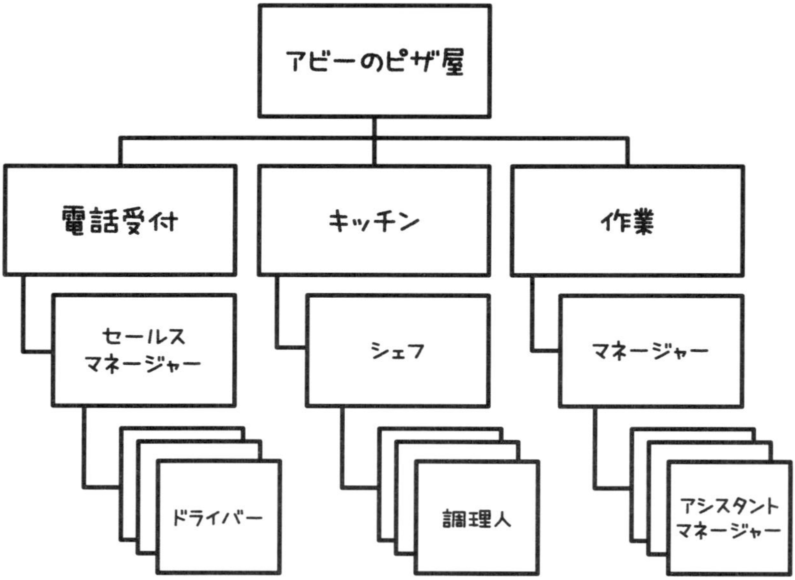

階層ダイアグラムは、ものごと、コンセプト、人々、そして場所が、お互いにどのように関係しているかを描きます。

上記の例のようなL型の線がいちばん読み取りやすく、ツリー構造やピラミッド構造で階層を描く場合もあります。

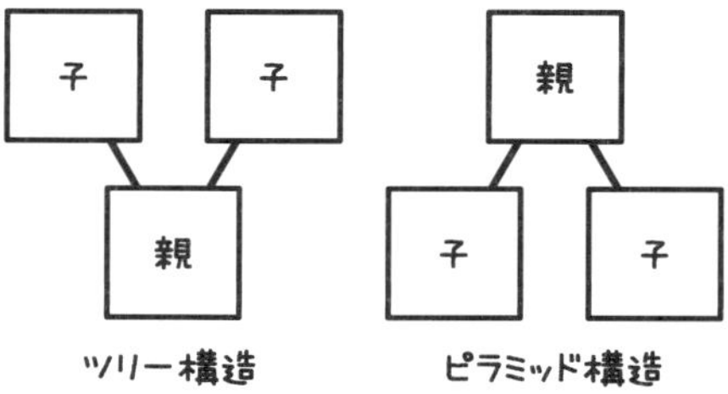

8. マインドマップ

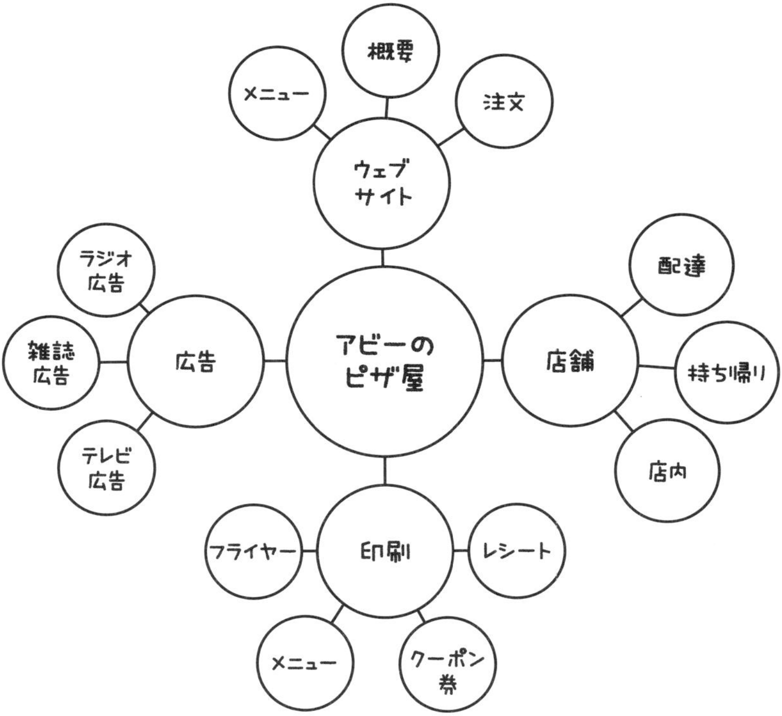

マインドマップは、コンセプト、ものごと、アイデア、チャネル、人々、そして場所が、ある文脈においてどのようにつながっているかを示したものです。

これらの関係性は、必ずしも決まった階層や順序で表さなくてもよいです。上記の例は、店主がピザ屋を経営しようとした際に思いついたさまざまな側面をざっくりと描き出してみたものです。

9. スキマティック（概略図）

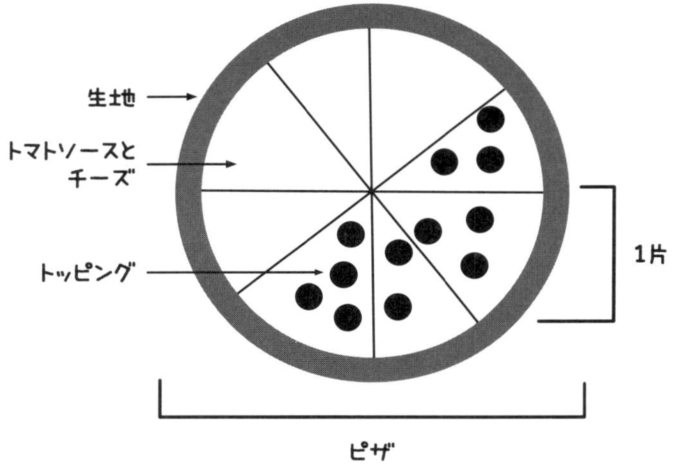

スキマティック（概略図）は、簡単に図示するために要素やつながりなどを簡略化したダイアグラムです。スキマティックには他にもたくさんの呼び名があり、ワイヤーフレーム、スケッチ、ローファイ、青写真（ブループリント）などと呼ばれます。

スキマティックは複雑さを排除しているため、意図していなかった間違いや曖昧表現につながるおそれがあります。上記例のスキマティックを見て、ピザのトマトソースの上にチーズを載せることがわかる人はいるでしょうか？　おそらくいないでしょう。

このような場合は、**分解式スキマティック**が役立ちます。ひとつひとつの要素が、どのようにして全体を構成するのかがよくわかります。

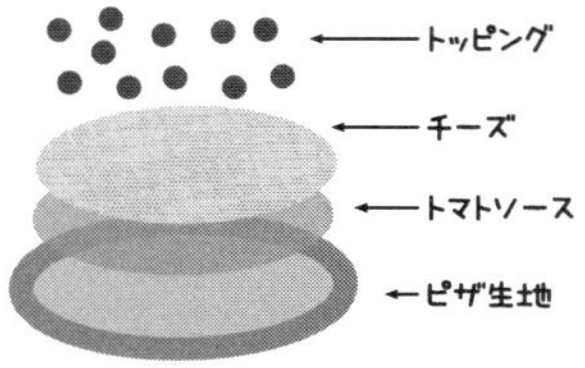

10. ジャーニーマップ

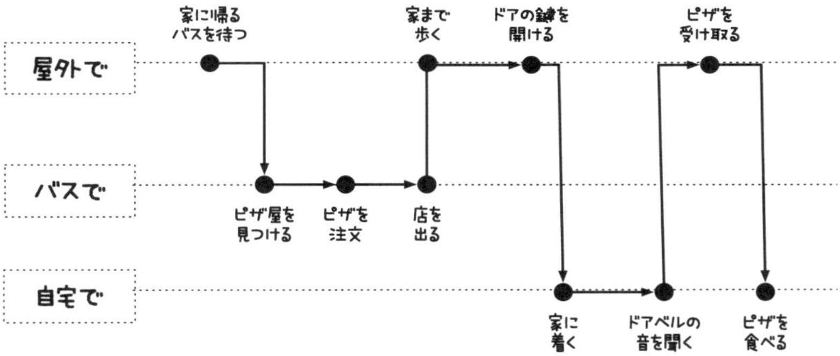

ジャーニーマップは、人やグループの体験を構成する、ステップや場所を示したものです。

上記の列では、ユーザーのコンテクスト（例：屋外で／バスで／自宅で）を表しています。各段階では、ジャーニー（行程）を構成するすべての出来事や目的を表しています。各段階が他の段階に関連するよう、連続して配置されています。

例で示したジャーニーマップは、1人が関与する出来事ですが、ペア、チーム、組織の動きを示すのにも、ジャーニーマップは役立ちます。

ダイアグラムづくりにチャレンジ

1. 1つのコンセプトで、どのように要素要素が相互に関係しているかを示す、ブロックダイアグラムを作ってみましょう。

2. フローダイアグラムを作ることで、全体の流れをわかりやすく表現してみましょう。

3. 最近のプロジェクトを個別のタスクに分解して、ガントチャートを作成してみましょう。

4. 4象限ダイアグラムで、近所のレストランを比較してみましょう。

5. ベン図を用いて、コンセプトやものごとを重ね合わせたときに何が見えてくるのか探ってみましょう。

6. スイムレーンダイアグラムを用いて、複数のユーザーが関わる作業をユーザーごとの作業リストにしてみましょう。

7. 階層ダイアグラムで、お気に入りのサイトのコンテンツの構成を書き出してみましょう。

8. 頭の中にある素敵なアイデアのすべてを、マインドマップの形で今すぐ頭の外に書き出してみましょう。

9. 簡単なスキマティックで、好きな食べ物の作り方を説明してみましょう。分解式スキマティックまで描ければさらに素晴らしい！

10. あなたの、ある1日の行動を示したジャーニーマップを作ってみましょう。

マギーの場合

マギーは小さなエージェンシーのクリエイティブ・ディレクターです。マギーには新規のクライアントがいますが、そのクライアントのビジネスの内容を把握できずにいます。

マギーはそのクライアントのウェブサイトや年次報告書、パンフレットを読みあさります。けれどもクライアントのしているビジネスを正確に把握することができません。マギーだけではありません。チームの誰もが、そのクライアントのビジネス内容が理解できません。マギーには、クライアントのためにチームの仕事を監督する前に、ビジネス内容を明確にしなければならないないことがわかっています。

たとえマギーが世界で最も才能のあるクリエイティブ・ディレクターだとしても、クライアントのビジネスを理解していないという現実に正面から向き合わないかぎり、たいした仕事はできないでしょう。マギーはクライアントの頭の中から、もっとはっきりとしたメンタルモデルを取り出し、それをチームに伝える必要があります。

マギーは現実と向き合い、クライアントに対して「親が自分の仕事を子供たちに説明するときのようにお願いします」と、なるべくシンプルにビジネスを説明するよう求めます。そのシンプルな説明を基本構造とすることで、彼女はより良い質問ができ、またクライアントのメンタルモデルを自分のメンタルモデルと比較することができます。マギーは会話中にクライアントの考えを把握するためにマインドマップを使います。クライアントと話したあとには、ビジネスの内容をより明確に理解できるようになっています。そしてクライアントの困難をマギーの率いるチームが支えることができると、いっそう自信を持てるようになります。

あなたの現実を直視しよう

地図があれば、万事うまくいきます。ここでは、あなたの混乱に役立つ地図の作成方法についてご案内しましょう。

先に紹介した10個に加えて、もう1つの私の好きな図表があります。次のページで紹介する**マトリックス図**です。

マトリックス図の長所は、必要な要素をすべて記入することができる点です。それぞれの要素は、達成するための課題や、答えるべき質問として使え、個人でも組織でも利用価値がある図表です。

マトリックス図は、特に議論を盛り上げる際に役立ちます。作成が容易で一貫性があるためです。回答が空白の項目は、まだ完了していないことがはっきりとわかります。

ユーザー、コンテクスト、人物、チャネルなどの簡単なマトリックスを作れば、複雑な状況を理解する手助けになります。自分が望むこと、心配していることがわかれば、どの範囲で何に取り組むべきかがはっきりします。

また、このマトリックス図は、他にどんなダイアグラムや資料を作る必要があるか、そして誰がそれを使い、誰がそこから利益を得るかを、理解するのにも役立ちます。

あなたの現実をダイアグラム化しよう

関係する要素

ステークホルダーは誰？

あなたの気を散らすのは誰？

ユーザーについて何を知っている？

ユーザーはどんなコンテクストを好む？

ユーザーにサービスを提供するいちばんいい方法は？
（例：アプリ、ウェブ、メール、人づて）

特定の要素

いちばんの心配事は？

いちばんの望みは？

道筋
選択
特色
形式
決定
決心
方向
指示
案内
転向
誘導
行程
軌道

第 4 章
方向を**決める**

「なぜ」から「何を」へ

現実を直視してからも、物事が「なぜ」変化しなければならないのかという認識から一歩先に進んで、自分がそれについて「何を」することができるかを知るまでに、たくさんの努力と度胸が必要になります。

進む方向の選択肢はさまざまで、それぞれの道にはそれなりの紆余曲折があります。

人はしばしば、あまりの選択肢の多さに戸惑い、結局何も選べないという選択をしてしまいがちです。または、すぐに変えられないことや容易に変えられないことに腹を立て、歯止めをかけてしまいます。

変化とは、時間を要するものです。

変化のためには、自分の進むべき方向をまず選択することから始めましょう。毎日その方向へ一歩ずつでも進むことができるなら、いつか時が来れば、ゴールへたどり着くことができるのです。

ゴールまでどれくらいあるのか、最後までたどり着けないのではないだろうかと考えて悶々と時間を費やしてしまえば、前進するペースは落ち、あるいはゴールすることすらできなくなるでしょう。

階層を意識する

私たちがある場所について説明するとき、その場所は、別のより大きな場所の中に存在します。「私はソーホーに住んでいます」と言った場合、そこはマンハッタンと呼ばれる別の名前の場所の中に存在し、マンハッタンはニューヨーク市と呼ばれるまた別の場所の中にあります。

あるものごとについて言及するとき、それら自身も別のものごとや別の場所の中に存在します。たとえば、マグカップはキャビネットの中、キャビネットはコーヒーショップの中、コーヒーショップはビルの中、ビルは街の中、街は区の中、区は市の中、市は州の中、州は米国の中、米国は大陸の中に存在する、といった具合です。

デジタルなものは、他のものや場所の中で成立しています（それはアナログな場所かもしれません）。たとえば、あるユーザーがスマートフォンでモバイルアプリケーションを使っているとき、そのユーザーはあるコーヒーショップにいて、そのショップはあるビルの中にあって、そのビルは街のあるブロックにあって、といった具合です。

私たちは、場所を作っています。そして私たちは、ものごとを作っています。そして、私たちの作る場所とものごとは、ユーザーの実生活の一部なのです。

あなたが作っているものは何？

真空には何も存在しません。すべてのものは、より大きな全体像につながっています。何かを作っているときはいつでも、以下のどの階層での作業なのかを把握しておきましょう。

もの：ある個別のもの

インターフェイス：ユーザーがその「もの」に影響を与えられるところ

位置：ある特定の場所や地点

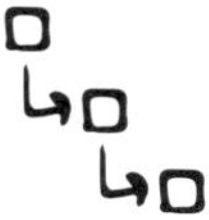

ジャーニー：「位置」の中、もしくは位置間のステップ

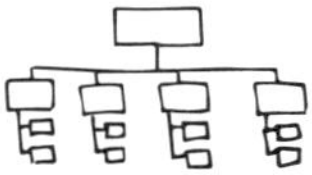

構造：「もの」と「位置」の組み合わせ

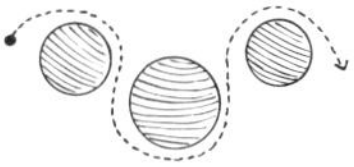

システム：同時に関わる複数の構造の組み合わせ

生態系：関係するシステムの集まり

（階層間の影響）

いったん自分がどの階層を扱っているのかがわかれば、さらに必要な階層まで拡大していくことができるでしょう。時には１つの対象について、全方位的に詳細に見ていくことが必要です。他方、一度俯瞰をして、生態系を見てみることがより重要なときもあるでしょう。それぞれの階層が他の階層にどのように影響しているかを把握するためには、いつでもズームインしたりズームアウトしたりできるようにしておくことが鍵となります。

細部を突き詰めているときは、広い範囲に与える影響をないがしろにしがちです。上の階層で作業しているときは、自分の決定が下の階層の細かいものごとにどのような影響を及ぼすのかをつい忘れてしまいます。他の階層にもたらす影響を考慮することなく１つの階層で変更を行うことは、ユーザーやステークホルダー、そして私たち自身の軋轢や不満につながりかねません。１つの小さな変更が、1,000箇所の破綻を誘発してしまうのです。

たとえば私たちがレストランを運営しているとして、環境に配慮するために紙ナプキンの廃止を決定したとします。そうすると、それは単にディナー客が体験するレストランのサービスばかりでなく、レストラン全体の収益や運営にまで影響を与えることになるでしょう。汚れた布ナプキンはどこに持っていくのか。どのように交換し集めるのか。どのくらいの頻度で店中の汚れた布ナプキンをクリーニングするのか。クリーニング中、手元に何枚の予備ナプキンが必要なのか。そして店内で何かをこぼしたときには、すぐに廃棄できる紙ナプキンを使ってもいいのか。そのようなさまざまな要素を考慮に入れておく必要があります。

１つの小さな決定が、次へ、そしてまた次へとつながるのです。

私たちは場所を作る

空間《スペース》を整理することで、場所《プレイス》へと視点を変えることができます。これによって人々は、そこが何をするところなのかを理解します。これを**プレイスメイキング**（場所づくり）と呼びます。テーブルと椅子を部屋の中央へ置けば、会議、食事、勉強、遊びなど、さまざまな利用法が予想されます。しかし、テーブルの上へ品の良いフォークやナイフ、ナプキンなどを配置すれば、ここは食事をする場所ですと伝えることになるのです。

プレイスメイキングとは、その場所を利用する人たち、つまりユーザーがとるであろう一連の行動をあなたがお膳立てし、どのように利用してほしいかを決めるという、いわば**振り付けをする**《コレオグラフ》ことです。あなたは行動の流れを提案することはできますが、ユーザーは自分のやりたいように行動するでしょう。フォークやナイフを脇へ押しやり、ノートパソコンを開いて会議を始めるかもしれません。行動の流れを提案するのはあなたですが、実際何をするのかは、ユーザー次第です。

あなたのものごとを進めるやり方は、ユーザーがあなたの作った場所をどのように考えるかを変化させます。そして、おそらく最終的には、あなたをどのように考えるかをも変えていきます。

あなたは、「ここでは食事以外の利用をしないでください」という注意書きを掲げることもできるでしょう。黒いタキシードを着て目を光らせているウェイターを配置することもできるでしょう。そのひとつひとつが、あなたと、あなたの作り出した場所に対する評価を形作るのです。私たちが空間をどのように整理するかによって人々の解釈が変わり、その場所の使い方も変わってきます。そこは何をしてほしい場所なのかをユーザーに知ってもらうために、ヒントを残し、振り付けをする側の意図をそこに込めておくのです。

私たちが作る場所の間に空間がある

大きな混乱を整頓しようとする際には、問題のあるその場所だけでなく、その間にある空間をよく見る必要があります。

場所というのは、特定の目的を持った空間です。

たとえばあなたが公園を作るとしましょう。公園内を歩くための通り道、ピクニックできるエリア、子供の遊び場、トイレを数ヶ所、サッカー場などを作るでしょう。こういったものは、特定の用途を念頭に置いて作られ、特定の用途に使われるものです。

もし公園を訪れる人たちが、きれいに敷き詰めた芝生の上を通り道にして踏み荒らしてしまったら、公園設計者のあなたは腹立たしく思うでしょう。しかしながら、もしあなたが、その場所を２つの場所をつなぐための空間であると考え、舗装した道にしていれば、人々はぬかるみを通ることなく場所と場所を移動することができるようになるのです。

空間とは、開放されていて、自由で、空いている領域のことです。

空間には、定められた目的がないかもしれませんが、だからといって人はそこを利用しないわけではありません。

あなたが何を作っているにしても、ユーザーは場所と場所の間の空間を見つけるでしょう。彼らは彼ら自身のコンテクストとチャネルとを持ち込み、あなたがどこへ向かうべきかを指し示します。流動的で変化しているところを見つけ出し、そこに光を当てるのです。

言葉が重要

私は以前に、「asset」［資産、財産、利点などの意］という語を５つのチームが３通りの異なる意味で使っているプロジェクトに関わったことがあります。

私は以前に、「customer」［顧客、得意先、取引先などの意］という語が何を表すかを定義するのに３日をかけたことがあります。

私が以前、ある大企業のプロジェクトに関わったとき、（あまりにも独自の略語が多かったために）最初の１週間で100以上の略語の定義をメモらなければなりませんでした。翌週以降、その数は30にまで減りました。

こんな話は大げさで、本来必要のない努力をしたのだと言いたいところです。でも、そこから始めなければならなかったのです。

言葉とは複雑なものです。けれど、私たちが選んだ方向性を正しく理解してもらうためには言葉は欠かせません。言葉を用いて、私たちは、自分がしてほしいことや他人への期待、力を合わせてやり遂げたいことなどを、人に伝えるのです。

言葉がなければ、人と人は力を合わせることができません。

残念なことに、ユーザーやステークホルダー、あるいはその両方に対し、意味をなさない言葉を使って方向性をまくしたてるのは実に簡単なことです。しかし私たちがユーザーやステークホルダーと言葉の意味を共有せず、同じ言葉で話さなければ、きちんとコミュニケーションすることは難しくなるのです。

言語的不安定度を減らす

一般的に、人は一日中、指示をしたり指示を受けたりしています。つまり、ずっと言葉と文脈の効果を体感しているのです。パートナーから受け取った買い物リストであれ、上司からのメモであれ、言葉の選び方を間違えると不幸な結果となることは、誰でも経験したことがあるでしょう。1つの言葉によるものであれ、メッセージ全体によるものであれ、言葉の誤解が引き起こす混乱は、大変不快なものです。

もしあなたが新しい職場で働き始めた最初の日に、その仕事の目的、手順、用語についてまったく意味のわからない独特の業界用語で説明されたらどう思うでしょうか。また同じく、新しい職場で働き始めた最初の日に、何から何まで覚えやすい明確な表現で教えてもらえたとしたらどうでしょうか。2日目も仕事を続けたいと思うのは、どちらですか？

私たちは、使うべき言葉に対して自信があるときもあれば、自信がないときもあります。

言語的不安定度（linguistic insecruity）とは、自分の言葉が、自分たちの文脈における標準やスタイルに合っていないのではないか、という一般的に見られる不安です。

協力して作業を進めるために、それに関わるすべての人が理解《メイクセンス》できるような言葉を使う必要があるのです。

オントロジーを理解する

辞書を執筆するとしたとき、私たちは**辞書編集法**を実践することになります。すなわち、多くの言葉の意味を集めてきて、リストを作ります。私たちが、１つの単語や概念がある特定の文脈において特定の意味を持つと判断したとき、それは**オントロジー**［用語や概念の定義］を実践していることになります。以下は、オントロジー定義の例です。

- ソーシャルネットワーキングサービスが、「いいね」や「友達」という言葉を独自の用途で再定義すること。
- コンピュータの「デスクトップ」に「フォルダ」を作って「ファイル」を整理すること。
- ファストフード店で番号を言うだけで商品の注文ができること。

洗練されたオントロジーを抽出するために必要なものは、たくさんの付箋、ペン、それからちょっとした忍耐力だけです。

1. 机でも壁でもいいので、作業のできる広い平面を用意してください。
2. あなたの仕事に関連する用語や概念を、１枚の付箋に１つずつ書いてください。
3. その付箋を、用意した平面に貼り付けていきます。その際、それぞれが互いに関連しあうよう貼り付けてください。その付箋の位置関係にもとづいて、構造や関係性を組み立ててください。

あなたのオントロジーは すでにある

オントロジーは、常に存在しています。しかし、あなたが考えている現状のオントロジーは、混乱していて意味をなさないかもしれません。食品雑貨店のオントロジーを理解しようと思ったら、あなたの言葉の地図は最初、以下のように見えているかもしれません。

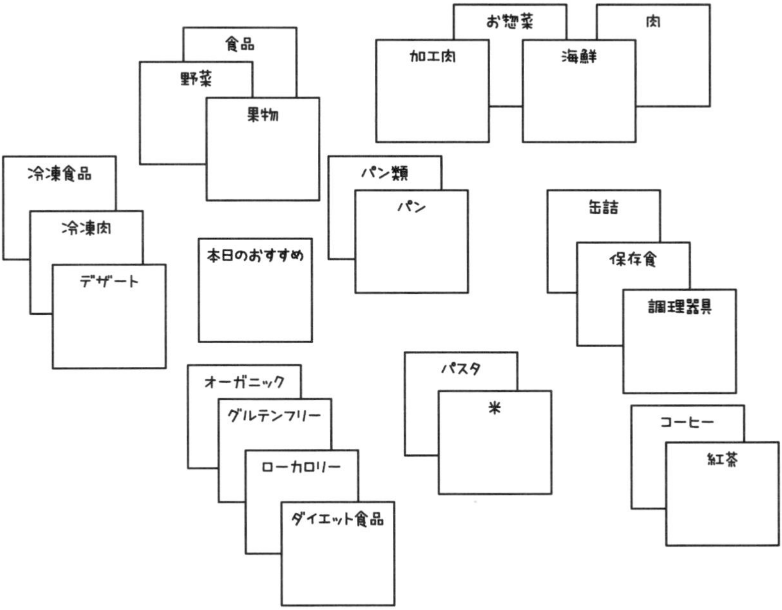

食品雑貨店と聞いて思い浮かんだ言葉を人に聞いてみることで、言葉の地図の重複をなくしたり、さらに関連用語を反映できることもあります。

店舗の通路案内・売り場の標識や食品雑貨店のウェブサイトを見ながら、言葉を選ぶ訓練をするとよいでしょう。

「～のために」ではなく、「～とともに」にデザインする

ステークホルダーやユーザーと、オントロジー定義について議論することはとても大切です。言葉の選択について話すことは、ステークホルダーやユーザーを分析するチャンスでもあるのです。

当たり前のことに聞こえるかもしれませんが、よくある一般的な考え方として、他の人とある事柄について話す前に、その事柄がすでに明確に定義されていると思い込んでしまうことがあります。

オントロジーを探求するうえで良い出発点は、皆で集まり、用語やコンセプトのリストを作ることです。その際、下記の事項を皆で共有するよう、参加者にお願いしてください。

- 自分がもう少し知っていたらいいのにと思う用語1つ
- 他の人々がもう少し理解して欲しいと思う用語1つ

グループでそれぞれの用語について話し合い、言葉やコンテクストについて自分が知っていることを持ち寄って、お互いの学習の場として利用してください。聞いたことがなかったり、または理解できない言葉に対して、適当に相づちを打つのをやめて、そのかわりに、知らない略語やなじみのないフレーズを解読しましょう。

誰かがある言葉を別の意味で使用しているなら、その考えを明らかにするようお願いしてください。なぜその言葉を使うのか、説明を求めましょう。複雑さは、実は些細なところに隠れているのです。

使う言葉のリストを作る

誰かを特定のコンテクストに導く手助けをすることを意図して、用語、言い回し、そして概念をまとめた一覧のことを**統制語彙**といいます。

言葉の定義をドキュメント化すると、言語的不安定度を減らすことができます。

優れた統制語彙は、以下のような項目を考慮に入れています。

- 異なるつづり（例：米語／英語）
- 語調、トーン（例：「送信」／「送る」）
- 学術用語と俗称（例：ワモンゴキブリ／ゴキブリ）
- 社内用語と一般用語（例：社内での言い方／公共の場での言い方）
- 許容可能な同義語（例：自動車、車、乗用車、乗り物）
- 許容可能な略語（例：General Electric、GE、G.E.）

使わない言葉のリストを作る

統制語彙は、あなたが使おうとしている言葉を定義して終わりではありません。さらに一歩踏み込んで、あなたが意図しているものから外れている用語や概念も定義しましょう。

言葉の意味をはっきりさせるために、以下のような項目も定義しましょう。

- さまざまな事柄に関して、ユーザーのメンタルモデルと食い違う用語と概念
- ユーザーまたはステークホルダーにとって、異なった意味を持つ用語と概念
- 歴史的、政治的、文化的意味をもった用語と概念
- ユーザーやステークホルダーを混乱させるかもしれない略語と同形異義語《ホモグラフ》

私の経験上、使わない言葉のリストのほうが、使う言葉のリストよりも役立ちます。私がミーティングの際にホイッスルを持ち歩き、このような「使わない言葉」を使った人がいた際には審判のようにホイッスルを鳴らすことはよく知られています。

本書で使わない言葉リスト

本書では、以下の言葉と概念の使用を避けました。

1．IA している／する（よくある誤用）

2．IA（略語）

3．情報アーキテクチャ／インフォメーション・アーキテクチャ（専門用語）

4．インフォメーション・アーキテクト（献辞と経歴のページでの記載は例外）

5．略語としての「アプリ」（いまどきの言葉）

6．非常に（Very）（使われすぎて意味がない）

7．ユーザーエクスペリエンス（デザイン業界用語）

8．メタデータ（技術的過ぎる）

9．セマンティック（学術的過ぎる）

10．セミオティック（学術的過ぎる）

なぜ本書のコンテクストにこれらの言葉がそぐわないか、それぞれ理由があります。これらの言葉を絶対に使用しないという意味ではなく、いくつかの文脈では、わざわざ使っているところもあります。

部外者のための用語を定義する

小学生の頃、「言葉の意味を定義する」という課題で、私たちが使っている言語を初めて学ぶ人でも理解できるように、わかりやすく説明するという授業がありました。「木」を「地面から生えている植物」と定義するため、まずはじめに「地面」「生える」そして「植物」を定義しなければなりませんでした。

その授業は、言葉の相互連結性を理解する重要なきっかけでした。私は、仕事のなかでもこのような考え方を適用して、他の用語や定義と入れ子になっている用語をはっきりさせています。

用語を明確に定義するためには、以下のようにします。

1．その用語の定義をできるだけシンプルに書き出します。

2．書き出した定義のなかで、さらに定義が必要な用語に下線を引きます。

3．下線を引いた用語の説明を記入し、元の用語をまだ知らない人に読んでもらいます。

4．各用語を見て、自らに問うてみましょう。「これはどういう意味なのか？」「これ以上ないくらい簡単な説明なのか？」

過去を理解する

自分の統制語彙にもとづいて会話をするとき、人々がそれぞれの用語に関連づけるストーリーやイメージに耳を傾けてください。

言葉には歴史があります。同義語や代用語も数多くあります。きちんと確認しなければ気づかない、間違った俗説もあるかもしれません。

それぞれの用語について、以下を確認してみましょう。

- 歴史：この用語の由来は？　時代とともにどのように変化してきましたか？
- 俗説：この用語、意味、もしくは用法を、人々は一般的に誤解していませんか？　しているとしたらどのように？
- 代用語：この用語の同義語はなんですか？　たまたま同じことを指す同義語はありますか？

言葉に関しては、人は変化を受け入れがたく、すぐに口げんかになります。これらの事項についてをドキュメントにしておくことによって、あなたの統制語彙は明快で有用なものになるでしょう。

名詞と動詞について考える

名詞は、それぞれのもの、人、場所を示します。

一例として、1つの「投稿（post）」は名詞であり、通常他の名詞、一人の「作者（author）」に関連づけられます。

動詞は、ものや人が取りうる行動を表します。

名詞の「投稿」は、「執筆する」「共有する」「削除する」「読む」などの動詞に使われます。

動詞は名詞なしには存在できません。たとえば、オンラインの「シェア」ボタンは、「(このボタンは）この投稿をシェアする」ことを意味しています。

名詞はしばしば、動詞による行為の結果として生み出されます。1つの「投稿（post）」は、「投稿する（posting）」という行為によって作られます。

すでに用いられている用語を採用したり、なんとなく言葉を選んだりすることは簡単です。しかし、どの言葉を使うのか決めるとき、それらの用語の代用語が何で、それでどういった認識が生まれ、そして何が連想されるかまで熟考することが重要なのです。

1つの「投稿を書いている作者」という表現でも、「論文を執筆している研究者」と「コメントを送信しているフォロワー」とでは、まったく意味が変わってくるのです。

名詞と動詞の関係について考える

名詞に、それに合わせた適切な動詞を結びつけると、結果として生まれる文章は、あなたが作ろうとしているものに対しての**要件**（必要なもの）を示すことができます。

ここまでに出てきた例を見てみましょう。

- 「投稿者」は「投稿」を「執筆する」ことができます。
- 「投稿者」は「投稿」を「削除する」ことができます。
- どんな「読者」も「投稿」を「共有する」ことができます。
- どんな「読者」も「投稿」を「読む」ことができます。

この要件リストは、理想的なソリューションを定義しています。個々の要件は、最終的に「誰」が「何」をできうるようにすべきかを教えてくれます。

要件を具体的に、優先順位をつけて決めていくことによって、あなたは実際に何を作ろうとしているのかを、より理解することができるのです。

要件リストがまったく同じシステムであったとしても、「読むこと」を優先したときのインターフェイスと、「書くこと」を優先したインターフェイスとは、それらは根本的に異なったものとなるのです。

選択肢と意見に気をつける

私たちは、しなければならないことについて話すとき、何が「できるか」という選択肢《オプション》か、何を「すべきか」という意見《オピニオン》を答えがちです。

はっきりとした要件は、どうやってそうするか抜きで、どうあるべきかを直接表します。

曖昧な要件は、「ユーザーがボタンをワンクリックするだけで記事を簡単に公開できます」というような記述をされるでしょう。このシンプルな文章は、操作（ワンクリック）、インターフェイス（ボタン）を暗に規定し、品質を測るための曖昧な尺度（簡単に）も含んでいます。

無自覚に具体的なことを規定してしまったり、曖昧さを持ち込んでしまうことによって、私たちは自分たちを意図しない方向へと制限してしまいます。

かつて私は、「ボタンだけで作られたホームページ、テキスト抜き」という依頼を受けたことがありました。このクライアントにとっては、「ボタンとはオンラインで入力フォームの情報を送信するもの」というウェブデザイナーにとっての常識は、どうでもいいことでした。彼にとって、「ボタン」という言葉が意味していたのは、ビジネスの変化に合わせてウェブサイトの内容を更新できる、ということだったのです。

意見はまるで…

周りを飛び交う意見に気付こうとどれだけ努力しても、偏った意見を持たずにいつづけるのは難しいことです。しかし最終的には、何かを決断しなければ前に進むことができません。

方向を決めるとき、あなたは以下のような疑問にぶつかるかもしれません。

- 私が、ユーザーのニーズや、リサーチで明らかになったユーザーの意見に反対したらどうなるだろうか？
- 私が、他のステークホルダーの基本方針や決断に反対したらどうなるだろうか？
- 他の人が自分に望むやり方を、自分がやりたくないときどうするか？

これらの疑問で生じた現実から、目をそらすことを選ぶ人たちもいます。けれども、あなたが自分の考えを隠したまま単純に命令に従った場合、あなたの目標が粉々に打ち砕かれ、精神的にも打ちのめされる結果になるかもしれません。

私たちは、自分たちが知っていることに対して、自分たちが理解したことと他の人がどのように言っているかとのバランスをとらなければなりません。

ユーザーの声と、自分たちの本音に耳を傾けるのです。唯一の正解を示した決まった道などありません。あなたが進む道があるだけなのです。

あなたがいるところを認識する

あなたが1週間におよぶ自転車旅行をしている最中だと仮定しましょう。暗くなる前に次の目的地までに到着する予定でしたが、パンクのため数時間遅れてしまいました。

今日はさらに先の目的地に進む計画を立てていましたが、その計画を実行するのは現実的ではなく危険を伴う状況です。

同様に、1日で紙に絵を描こうという目論みは、現実に実現するためにはもしかしたら生涯をかけることになるかもしれません。すなわち、計画を立てる力には大きな責任が伴うのです。

今ある時間とリソースで何ができるかを考えてみましょう。現実的に仕事を振り分けることは、その仕事の一環です。今いる場所と目標の場所の相関関係を、繰り返し考え続けましょう。

自分の計画やアイデアに心を奪われ過ぎないよう気をつけてください。そのかわり、明確なコミュニケーションを取り、そのコミュニケーションの効果に関心を寄せましょう。

ラシードの場合

ラシードは大企業の人事を担当するコンサルタントで、従業員の研修の手順をオンラインに移行しようとしています。

ラシードはリサーチによって、いくつもの部門において、従業員の採用のされ方と研修の受け方において、言葉の不整合が多くあることを明らかにしました。

彼は、部門間の相違がこの原因であることはわかっていましたが、同じことに対して似た用語がたくさん存在することがシステムを使いにくくすることを心配しました。

ラシードには選択肢があります。彼は現在の用語と、あるべき用語の使い方をドキュメントにすることができます。あるいは、社員みんなに機能する方向を探るために時間を使うこともできます。

彼が選んだのは、似た意味を持つ用語をグループ化し、各部門から人を集めて、どの用語を用い、どれを使わないことにするかを検討するやりかたでした。

ミーティングの間、ラシードは、

- 略語や商標名を確認しました。
- 意図しない同義語を削除しました。
- 俗説、言い換え、言葉の由来をドキュメント化しました。

あなたの語彙をコントロールしよう

あなたはラシードと同じような混乱に直面していますか？　あなたのステークホルダーはあなたと同じ言葉を話しますか？　あなたはユーザーと同じ言葉を話しますか？　あなたが今いるコンテクストのなかでは、どの言葉が問題を引き起こしますか？　どの概念をさらに理解し、定義付けする必要がありますか？

語彙をコントロールするために、以下のことを行いましょう。

- 調べなくてはいけない用語のリストを作成する。
- 各用語をできるだけシンプルに定義する。
- さらに定義付けが必要な言葉にアンダーラインを引く。そして、その言葉を定義する。
- それぞれの用語に関する、経緯、代わりの用語、そして間違った用法をドキュメント化する。
- 何人かのユーザーと一緒に、定義した用語のリストをレビューする。フィードバックをもとに、リストを改良する。
- 選ばれた名詞と動詞とを組み合わせた「要件」のリストを作る。

方向を選択しよう

使う言葉

用語	定義	由来

使わない言葉

用語	その理由	代わりに使う言葉

要件

名詞	つながる動詞

重さ
遠さ
金額
長さ
角度
時間
距離
画素
文字
日付
月日
年月
季節
周期
体力

第 **5** 章
距離を**測る**

現実と意図の距離

意図とは、あなた自身がすっかり成長したときに、どんな自分になりたいかをあなた自身に示したものです。しかし、意図しただけでは物事を成し遂げることはできません。

自分の時間とエネルギーをどこに費やすべきか。そして、ゴールまでの道のりで、自分の進捗度をどのように評価すべきか。意図を分解し、具体的な目標へと置き換えることによって、その答えがわかってきます。

ゴールとは、あなたが実現したいと考える、何か具体的な事柄のことです。きちんと定義されたゴールは、以下の要素を備えています。

- 意図：あなたの努力により、具体的にはどのような成果を得たいのでしょうか？
- 基準線：現時点の立ち位置を確認し、自分がどれだけ前進したのかを測るために、どのような評価基準を用いることができますか？
- 進捗：ゴールに向かって進んでいるのか、遠ざかっているのかを、どのように判断しますか？

ゴールが世界の覗き窓

ゴール自体が、あなたができること、次に起こることを、変化させます。

ゴールが大きいのか小さいのか、今日なのか今年なのかに関係なく、ゴールがあると時間やリソースの使い方は変わってきます。

あなたのゴールの設定方法および測定方法が、良い一日なのか悪い一日なのか、価値ある協力者なのかライバルなのか、有意義な時間なのか無駄な時間なのかという判断に影響を与えます。

ゴールに到達するためには、現実と目標がどれぐらい離れているのか、実感を持って把握しなければなりません。そうすることで、時間、お金、力関係、技術について、具体的に測ることができるでしょう。

いったんどこまでいかねばならないかの「距離」を明らかにすれば、どうやって前に進めばよいのかわからなかった不安は、じきに解消されるでしょう。

進捗は、達成と同じくらい重要な尺度

多くのプロジェクトは、全体を小さなタスクに切り分けることで管理しやすくなります。しかし、複雑な依存関係を解きほぐさないと、それらのタスクを並べることはできません。

依存関係とは、何かが起きるため整っていなければならない条件のことです。たとえば、この本で紹介されているリンクは、本を出版している私に依存しています。

あなたが進捗をどのように測るかは、あなたの成功の見込みに影響します。あなたの意図をより強固にする指標を選びましょう。たとえば、

- 良い書き手になりたいのなら、その進捗を測るために、「毎日書く」という指標が効果的でしょう。
- もしあなたが来年中に小説を書き上げたいのなら、「毎日500ワード原稿を書く」といった指標で、進捗の測定ができるでしょう。

指標は、進捗を測る助けとなる

たいていのものごとは、機械的に測るか、人手で測ることができます。

指標は、あなたが自身の意図に向かって近づいているのか、あるいは離れつつあるのかを知らせてくれます。ビジネスの場面では、成功を示す指標として、一人あたりの平均注文額や、サポート電話対応の平均時間などが利用できるでしょう。

ものごとを測る方法を見つけ出すのは、簡単ではありません。しかし、粘り強く取り組めば、あなたの進捗について計り知れないほどの洞察が得られます。

指標を定義し測定する作業は、ほとんどの場合、無駄になることはありません。正しい指標を見つけるために、以下の質問から始めましょう。

- あなたの周りで何を測定できますか？
- もしものごとが変化したとしたら、何を測定することでわかりますか？
- あなたの意図することに近づいているのか離れているのかを示す目印は何ですか？

次の２ページで、指標の例を紹介します。

一般的な指標

- 満足度：あなたが提供すると約束しているものを実際に提供したことで、顧客は喜んでいますか？
- 賛辞：あなたの業績や貢献に対して、好意的な言葉はどのくらいありますか？
- 利益：経費を差し引いて残った金額はどれくらいですか？
- 価値：人々はそれにいくら払うでしょうか？
- ロイヤリティ：どのくらいのユーザーが再訪するでしょうか？
- ユーザー数：あなたの作ったものを使っている、訪れた、あるいは見たユーザーはどれくらいですか？
- コンバージョン：何パーセントのユーザーが、あなたが期待する振る舞いを示すでしょうか？
- 拡散度：あなたがやっていることのうわさはどれくらいの速さで広まっていますか？
- 認知度：あなたが作っている、あるいは成し遂げようとしていることについて、人々はどのように考えていますか？

- 競合：同じことを考えているのは誰でしょうか？

- 苦情：どのくらいのユーザーが、製品やサービスについて困っていますか？

- 反感：どういった否定的な意見を受け取っている、あるいは想定していますか？

- 費用：あなたはいくらお金を費やしましたか？

- 借金：あなたはいくらお金を借りていますか？

- 離脱：どれくらいの人が、あなたが想定する行動を取る前に去っていますか？

- ムダ：時間やものにおいて、どれくらいのものを処分しましたか？

- 暗闇：あなたが作ろうとしているもの、もしくは達成しようとしていることについて、異なった考え方や意見が存在していますか？

ワークシートを使った情報収集

あなたをガイドする指標のリストができたら、次に、データをどこから取得するか考えましょう。

ワークシートは、人の頭の中や個人的な記憶にしかない重要で詳細な情報を引き出すのに役立ちます。

会議の時間中にワークシートを記入してもらうこともできますし、コピーを配布して時間があるときに回答してもらい、あとで回収することもできます。データを集めるのにいちばん良い方法を選択するために、下記の事項を覚えておきましょう。

- 時間：どれくらいの人に答えてもらうか？　そしてどれくらい時間がかかりそうか？
- 手段：回答には何種類くらいの手段を用意するか？　回答に誰かの助けが必要か？
- 偏り：考えや嗜好を反映させるものか？　あるいは客観的な情報を引き出すものか？

ユーザーや関係者が、回答するためにかなりの時間、手段、思案を必要とするなら、その場でワークシートを記入させようとせずに、できた時点で提出してもらうようにしましょう。

基準線は現実を映し出す

ものごとがどのように成果を出すかを理解するための最初のステップは、今どうなっているかを知ることです。

基準線（ベースライン）は、ものごとが変化する前の測定値です。基準がなければ、仮説によって間違った方向進んでしまいがちです。

２つの例を紹介しましょう。

- 有名デパートがスポーツ中継にテレビ広告を出したあと、そのシーズンに利益が１億円増えた場合、その広告は効果的だったように見えるかもしれません。しかし基準線を考えた時、スポーツ中継の広告なしでも昨年の同じシーズンは利益が５億円増加しているとすれば、この広告効果の判断は間違っていることがわかります。
- ある小学校で、大部分の生徒の成績がC+ だったとします。この点数は、昨年のこの時期の平均点がD+ だったと基準線を知るまでは、あまり芳しくない、すこし心配な成績だと思われるでしょう。

基準線を設定すれば、成果の判断ができます。基準線がないと、広告が成功だと思い込んだり、生徒が無能だと思い込んだり、間違った判断をしてしまうことがあるのです。

フラグが正しい方向を示す

フラグは、何かが起こったときにそれを知ることができるため、有用です。大半の指標にフラグを組み込むことができます。

以下はフラグの例です。

- 大切な人に、目的地に安全に着いたら電話してもらう
- 車であと 80 キロ走ったらガソリンを入れなくてはならないこと思い出させてくれる給油ランプ
- デザインチームにカスタマーサービスの内容を共有する週に一度のメール
- 競合他社がマスコミにとりあげられたときに送られてくるメール
- オンライン登録手続きの途中段階で、手続きを完了せずに去って行ったユーザー数に関する月間報告

こういったフラグのおかげで、私たちはデータをより積極的に利用することができるのです。

測定のリズム

その時々で測定するのが良いのものもあれば、数週間、数ヶ月、数年、あるいは数十年の単位で測定するのが良いものもあります。

正しいリズムは、あなたの文脈と意図によって決められます。リズムを決めるとき、データを集める方法、どれだけ正確である必要があるか、どれだけ複雑なのかを考えましょう。

以下の要素を考慮しましょう。

- 時間：測定結果が役に立つのは、1時間後、1日後、1シーズン後、1年後、あるいは10年後でしょうか？　どんな基準線が適切でしょうか？　昨日、1ヶ月前、1年前、あるいは20年前でしょうか？

- アクセス方法：そのデータは簡単に手に入りますか？　あるいは、誰か他の人やシステムの助けが必要でしょうか？

不明瞭であるのが普通

たとえ同じゴールを目指していたとしても、誰かにとっての良いことは、他の誰かにとっての悪いことになりえます。私たちがどのように世界を捉えるかは、それぞれ固有の矛盾や経験にもとづいているのです。

何かをするにあたって、完全に良い方法もなければ悪い方法もないということを覚えておきましょう。「良い」や「悪い」というような言葉は、主観的なものなのです。

重要なのは、複雑な現実の世の中で達成したいと思っていることに対して誠実であることです。あなたの意図は他の人のものとは異なっているでしょうし、あなたが感じるものごとは他の人とは異なっているでしょう。

測定するのが驚くほど困難な指標、全く信用ならない情報源、データで表現するのが難しい感覚的な基準線を扱うこともあるでしょう。

しかしながら、たとえあなたの視点が不明瞭であったとしても、不十分なデータに基づいてゴールを設定することは、正しい方向を目指していれば、それでも十分有用であるのです。

不確かさはどのプロジェクトにも付いて回ります。しかし、あきらめなければ、どんな時にでも学ぶことはできるのです。はっきり理解することを助ける仕事にこだわり、目標までの距離を計り続けてください。

ジムの場合

ジムはある小売店のオーナーです。店の利益と取引額は、過去数年減少し続けています。従業員たちは、会社を救うのは会社のウェブサイトにオンラインストアを開設することだと確信しています。しかしジムの目に入ってくるのは、今よりも多くの複雑な心配事、給料を支払わなければいけない今よりも多くの従業員、そして今よりも多くの出費といったことばかりでした。「もしウェブサイトで販売をするのであれば、商品の写真を撮り、それぞれの注文を包装し、出荷しなければならない。いったい誰がそれをするのだろう？」とジムは思うのです。

店の家賃は上がり、利益は下がるなか、ウェブサイトを変更することで会社が救われるのかどうか、ジムには確信が持てません。ジムはゴールに到達するために進むべき距離がわからないのです。「会社のウェブサイトを変更することは本当に役に立つのだろうか。それとも事態をさらに悪化させるだけなのだろうか」と考えてしまうのです。この決断をじっくりと考えるために、ジムは、

- 店を評価するための指標リストを作成する
- 各指標の基準線を測定する
- 変化があったら知らせてくれるフラグを設定する
- ゴールの達成に向かって改善に向かう道筋を見極める

もしジムのゴールが、店内の販売を増やし、経費を減らすことならば、オンラインストアを始めることはそれほど意味がないことがわかります。もっと他の対応策があるはずなのです。

あなたのゴールを設定しよう

あなたが何を達成しようとしているのか、考えてみましょう。

1. あなたは何を意図しているのか、それはなぜなのか、再度検証してください。そしてそれを具体的な目標に分解します。

2. 理想的な世界で測定できるものを並べた、「夢のリスト」を作ります。その成果が不明瞭で発見しづらいものだとしても、最良のシナリオについて考えることは、のちのち役に立ちます。

3. 人々からデータを掘り出すことを忘れないでください。

4. あなたができることの基準線を測定します。一度夢のリストを作ってしまえば、達成可能な尺度でその基準線を収集します。

5. 測定する可能性がある指標のリストを作成してください。

6. ものごとに変化があった場合に、通知を受け取りたい状況をリストアップします。さらに、それらフラグの通知方法を考えます。

達成度を測ろう

何をしていますか？

私は〜をするつもりです

なぜなら

どのように動いているのか？

指標	基準線	ゴール

役に立つフラグは何か？

以下の際は私に報告を

以下の際は私に報告を

順序
足場
構成
配置
構想
土台
形成
構造
組織
分類
仕分
骨格
集成
枠組
蓄積

第 6 章
構造で**遊ぶ**

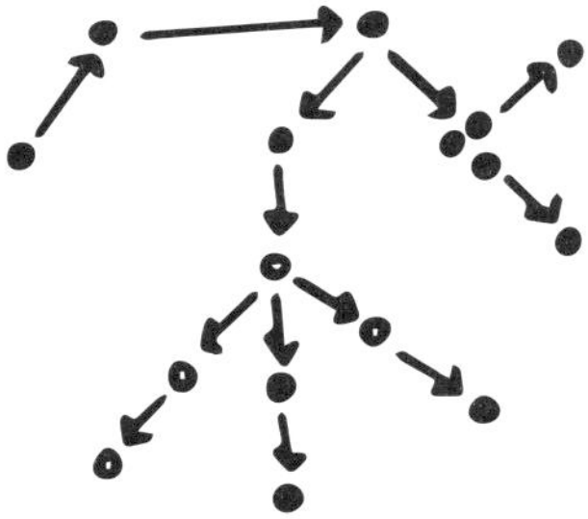

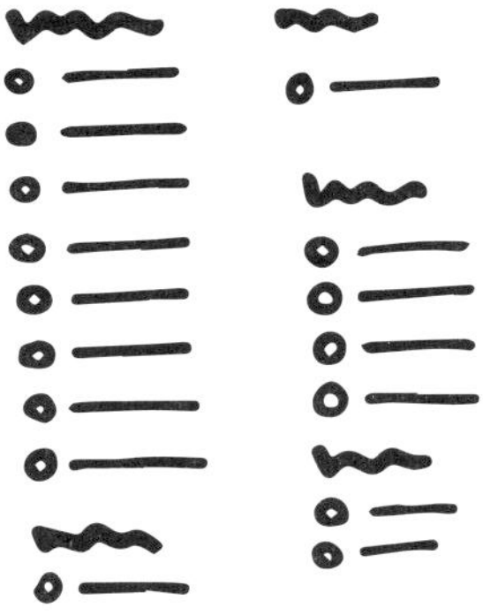

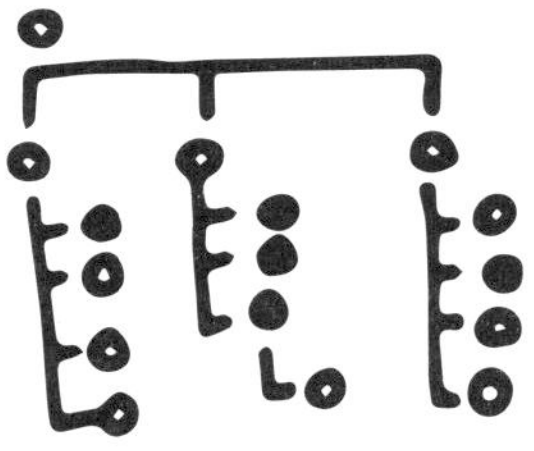

ものごとを構造化するための方法はたくさんある

構造とは、配置のことです。ものが無秩序に並んでいる状態も、ひとつの構造です。目次も構造ですし、トランプで作った塔も構造です。構造は、すべてのものに存在します。

あなたが作っているものに適した構造を選び出すためには、以下のような点に注意する必要があります。

- 使う人にとってわかりやすい
- 意図が反映されている
- 目標を達成するのに役立つ

適用できる構造は、常に複数存在するでしょう。

あなたのコンテンツを、これは合わない、これは違うと思える構造にあえて適用してみるのもひとつの方法です。駄目な部分を突き詰めていくと、それにつれて、良い部分とは何なのかが少しずつ見えてくるのです。

最初に見つけた構造で満足してはいけません。同じ題材を使って、1種類ではなく、2種類、3種類と整理の仕方を工夫してみてください。そしてそれぞれの構造を比較してみましょう。繰り返し整理してみましょう。テストして、修正して、組み合わせて、取り換えて、議論してみましょう。

分類法は、ものごとを整理するための方法

何かを整理しようとするとき、どこに何を置くか、どうやって決めますか？　いちばんしっくりとくる感じで選びますか？　それとも、これとこれを一緒に扱うべきだという考えや、誰かに言われたことをもとにして決めますか？　もしかしたら、重さや頭文字で順番を決めていますか？

効果的に整理するためには、意図したユーザーに意図した情報を伝えられるやり方でコンテンツを組織化し、分類する手法を選ばなければなりません。

組織化や分類のための構造化の手法は、**分類法**《タクソノミー》と呼ばれます。

以下は、分類法の一般的な例です。

- 植物、動物、無機物、有機物のための科学的分類法
- 図書館で使われているデューイ十進分類法
- ウェブサイトのナビゲーションタブ
- マネジメントやチーム構造を表す組織図

分類法を組み合わせて形状を作る

分類法《タクソノミー》は、私たちの体験をあらゆる段階でかたちづくります。私たちは分類法《タクソノミー》を使って、体系からものまですべてのことを理解します。1つの形状を理解するために、複数の分類法《タクソノミー》を用いることもあります。

形状とは、視覚的な形、またはものがとっている構成のことです。この形状は、ユーザーが実際に体験するものです。

この本のような単純な形状のものでも、読者が内容を読んで、理解して、使うために、複数の分類法《タクソノミー》を用いています。

本書で使われている分類法《タクソノミー》は、以下のようなものです。

- 目次
- 章
- ページ
- それぞれのページの見出し
- 用語集

仕分ける方法を決めるより、仕分けることは簡単

仕分け（ソーティング）とは、規定されたルールに従ってコンテンツを整理することです。分類法《タクソノミー》で何かを仕分けする方法を決める行為は、**分類**と呼ばれます。

もし何か山積みになった未整理のものを抱えているなら、仕分けには長い時間がかかるかもしれません。しかし、仕分けは難しいことではありません。分類が難しいのです。

食料品が入った袋を、すでに整理されている食料庫の中で仕分けることを想像してみてください。すべて収納する場所が決まっているのです。あらかじめ決められたルールに従うだけです。それは簡単ですよね？

では、何をどこに収納するのかルールがないキッチンで、同じく食料品が入った袋から品物を出してみましょう。収納するのにどのくらい長い時間がかかりますか？　この仕事はどれだけ苛立たしい作業でしょうか？　次の人が食料品をしまうとき、置き場所がどのくらい変わってしまうでしょうか？

明確なルールが整っていれば、仕分けは簡単です。しかし明確なルールがないと、思い込みに支配され、最終的には見つけることが難しい場所に物を配置してしまいます。

分類の最も難しい部分は、ルールを決めるために、他人との意見を調整しながら作業を進めることなのです。

正確な分類と曖昧な分類

ポスタルコード（郵便番号）は、**正確な**分類と呼べるもののひとつです。私たちは、普段からその番号に頼ることで体系を維持できています。郵便番号が「10012」の場合、その建物はニューヨーク州マンハッタンに存在することを意味します。議論の余地はありません。そうなのですから。

曖昧な分類の場合、何がどこにあてはまるかを判断する際に、より多くのことを考えなければいけません。曖昧であればあるほど、その分、議論も生じるのです。

映画のジャンルを例にとりあげると、コメディやドラマのような区別の仕方は一見はっきりしているように思えます。けれども、3人の映画評論家を1つの部屋に集め、ブラックジョークだらけのコメディ映画を「どれかのジャンルにあてはめてください」とお願いすると、そこで論争が起こってしまうかもしれません。

曖昧さと正確さは、コンテクストにも関係しています。

たとえば本書の編集者ニコルが、郵便番号のことを「ジップコード［米国内のみの呼び方］」ではなく「ポスタルコード［英語圏すべてでの呼び方］」という表現を使ったほうが良いと勧めてくれました。自分の考えを示すうえではどちらの表現でも良いのですが、米国在住以外の読者のコンテクストを考慮すれば、ポスタルコードの方がより多くの人に正確に伝えられるのです。

曖昧さは明快さを犠牲にし、正確性は柔軟性を犠牲にする

あなたが曖昧であればあるほど、ものごとを発見したり分類したりするために分類法《タクソノミー》を使うことで、トラブルに見舞われるでしょう。

あなたが使う曖昧な分類ルールや、あなたが考えている裏にある意味に対して、明確に意図を伝える必要が出てきます。

たとえば本書の巻末に、50音順ではなく、章ごとの用語集を編纂したとしたらどうでしょう？　これは物事を整理するおもしろい方法かもしれませんが、用語を見つけるためにはなんらかの説明が必要になります。

分類法《タクソノミー》がより正確になれば、柔軟性は減ります。柔軟性が減ることは常に悪いことではありませんが、悪影響を及ぼすときもあります。1つのカテゴリーにおさまらないものが現れたときに、話がややこしくなるのです。

同じものを表現するさまざまな言葉があるために、正確な分類がすぐに見つからないこともあります。たとえば私は、最近食品スーパーでズッキーニを買おうとしました。しかしレジにはズッキーニの表記がなく、研修中の店員が「瓜《うり》（緑色）」のコード番号を見つけてやっとレジを通すことができたのです。

曖昧さはシンプルさを隠す

レコード店で働き始めた初日に、店長が「ここのレコードはアルファベット順に並べるんだ」と指示した状況を想像してみてください。この店長の指示のもと、あなたはレコード店での仕事が初めてだったとしても、レコードの束を簡単に棚に並べることができるでしょう。

その後、同僚が「申し訳ありません、現在マイケル・ジャクソン（Michael Jackson）は完売のようです」と言っているのを耳にします。

店長は「J」の場所を見て、在庫の目録を確認します。目録には、この店にマイケル・ジャクソンの『スリラー』のレコードが1枚残っているはずと記載されています。

そこであなたは、残り1枚の『スリラー』が先ほど整理したばかりのレコードの束にあったことを思い出します。「J」の場所になければ、そのレコードをどこに並べたのでしょうか？「M」の場所でしょうか？

これが、「アルファベット順に並べて」というシンプルな言葉のなかに含まれる曖昧さです。これには本当に驚かされます。

私たちは一日中、指示を出しては受けています。曖昧な指示は、私たちの構造と信頼性を弱めます。ここで紹介した、レコードが間違えた場所に整理されてしまった例のように、混沌《カオス》が発生するのは時間の問題なのです。

ファセットで分類する

ファセットとは、分類をするときに使える知識の断片のことです。何かが多くのファセットを持っているとき、それはより多くの方法で整理することができます［ファセット（facet）とは、もともとの意味は宝石の持つ切り出された面のこと。転じて物や状況が持つ一側面のことを指す］。

レコード店を例にとると、各レコードの分類には以下のファセットが利用可能です。

- レコードのタイトル名
- アーティストの名前
- レコードの発売元
- レコードの収録時間の長さ
- 発売日
- 価格

興味深い特定のファセットがあったとしても、それを裏付けるデータが存在しないか、集めるのが難しい場合、そのファセットを使用するのは得策ではありません。

たとえば、各レコードでどの楽器が使用されたのか調べるのは興味深いことかもしれませんが、データ収集にかなりの手間と時間がかかる可能性が高いでしょう。

ファセットを決める

アナログレコードが持つ、その他５つのファセットは何でしょうか？

1. ____________________
2. ____________________
3. ____________________
4. ____________________
5. ____________________

以下の点を考えてみましょう。

- これらのファセットのうち、最も曖昧なものは何でしょう？
- これらのファセットのうち、最も正確なものは何でしょう？
- これらのファセットのうち、レコード店で分類するのに最もセンスメイキングしているものはどれでしょう？
- これらのファセットのうち、個人のレコードコレクションを分類するのに最もセンスメイキングしているものはどれでしょう？

Google で「John Cusack organizes records autobiographically」という文を検索し、映画『ハイ・フィデリティ』で俳優ジョン・キューザックの演じるレコード店のオーナー兼コレクターが、自分のコレクションを分類するのに使っているファセットについて調べてみましょう［レコードに出会った順番、自叙伝（autobiographical）順に並べていることがわかります］。

人間は複雑

トマトは、科学的には果物に分類されます。そのことを知っている人もいますが、知らない人もいます。トマトは、正確な分類について人々の意見が全く一致していない例のひとつです。

私たちのメンタルモデルは、私たちの行動そして情報との関わり方からかたちづくられます。

トマトの場合、科学的にはトマトは果物に分類されていることと、人々がトマトはフルーツサラダに合っていると考えていることのあいだには、明らかな違いがあります。

もしあなたがオンラインで食品スーパーを経営していたら、あえてトマトを果物の一覧にのみ掲載するでしょうか？

もちろん、果物か野菜かという議論を避けるために、すべてを「作物」と分類することもできますし、トマトを「果物」と「野菜」両方の一覧に載せることもできます。

けれども、ズッキーニやオリーブ、キュウリ、アボガド、ナス、ピーマンそしてオクラまでもが、一般的には野菜と誤解されている、本当は果物なのだと言われたらどうでしょうか？

日常会話の中で「果物」もしくは「野菜」と言うとき、私たちは何を思い浮かべているでしょう？　あなたが特定のコンテクストにおいてものごとを仕分けする際、分類体系は役に立たず、実際には区別がつかないものかもしれません。

ものごとを体系化する方法が、あなた自身を体系化する

トマトを野菜として分類するということは、あなたが知っている自分の顧客や自分の食品スーパーについて、ある何かを表現しています。園芸科の学生たちが使う教科書の作成にあなたが取り組んでいるとしたら、あなたはトマトを野菜に分類しますか？　しませんか？

ものごとを分類し体系化するためにあなたが採用しているやり方は、あなたの意図をそのまま反映しています。同時に、それはあなたの世界観、文化、経験、特権を反映しているはずです。

また、こうしたいくつかの選択は、あなたの分類法《タクソノミー》を利用している人たちが、その分類の根本にあるあなたの考え方をどのように理解するかといったことに影響を与えます。

分類法《タクソノミー》は、私たちの仕事に関わりを持つ人々にとって、一連の指針となる役割を果たすのです。

分類法《タクソノミー》は、私たちが有している最強のレトリック（修辞法）の１つです。強力なレトリックに仕立て上げる鍵は、それを使う人が簡単に理解し使うことができる言葉、ルール、構造を持つことです。

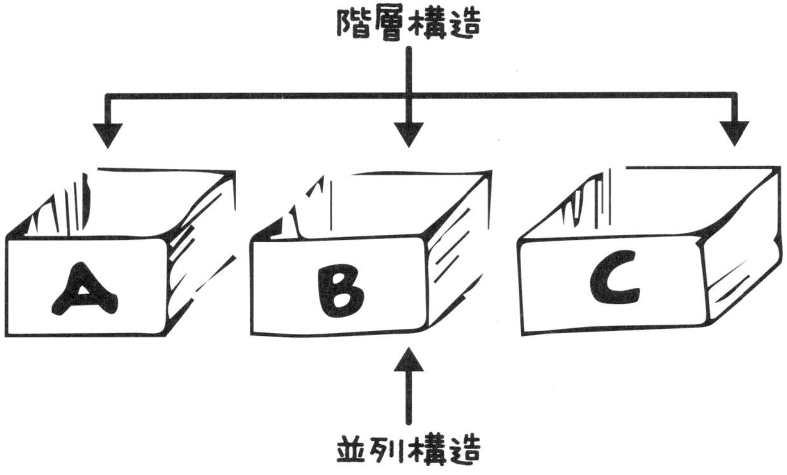
階層構造
A
B
C
並列構造

分類法は、階層的か並列構造的になる

階層的に整理されている分類法《タクソノミー》の場合、連続するカテゴリー、順位、等級、相関性で整理されていることを意味しています。1つの階層のなかで、ユーザーは何かを見つけるために、その階層の分類から何か1つを選択しなければなりません。ある映画カテゴリーの階層は、以下のように整理されるでしょう。

- コメディ
- 恋愛コメディ
- 古典コメディ
- ドタバタコメディ

階層は、たいてい2つのパターンで表されます。1つ目のパターンである**広く浅い**階層は、ユーザーに一目でわかるかたちでより多くの選択肢を与えるので、ユーザーは何を選ぶにしても少ない手順で済みます。たとえば、食品スーパーに行くと、通路を選べば各通路ごとに商品が決まった順序で並んでいます。通路の奥に行くことはできますが、それより先はありません。

狭く深い階層の場合、ユーザーに一度に提示される選択肢は少なくなります。アメリカ合衆国政府のホームページのような大きなウェブサイトでは、ユーザーはまず上位レベルにある数個の選択肢のどれかをクリックすることで、より具体的な深い情報にアクセスできます。

個々の要素がそれ以上カテゴリー分けされることなく、1つの階層にすべて存在する場合、そこでの分類法《タクソノミー》は**並列構造型**です。たとえば前ページにある、文字が書かれて並んでいる箱は並列構造型です。

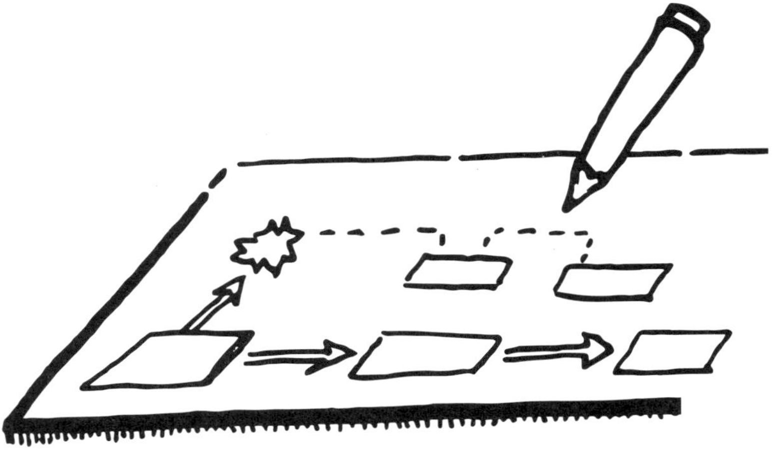

分類法は連続的

シーケンスとは、何かを体験する順序のことです。シーケンスには、事前にその順番と概要がわかっていて、破綻のない順序で起こるものもあります。

たいていのシーケンスは複雑で、ユーザーやシステムの状況、好み、選択結果をもとに、別の進路になったり変化が伴ったりします。

以下はすべてシーケンスの例です。

- ソフトウェアのインストールウィザード画面
- 病院での初診患者の登録用紙
- 小売店での払い戻し手続き
- 就職の応募用紙
- 料理のレシピ
- 小説
- オンラインショッピングサイトでの購入までの流れ

どの分類法《タクソノミー》を使うときも、あなたが選んだカテゴリーとラベルは、シーケンスに影響を及ぼします。

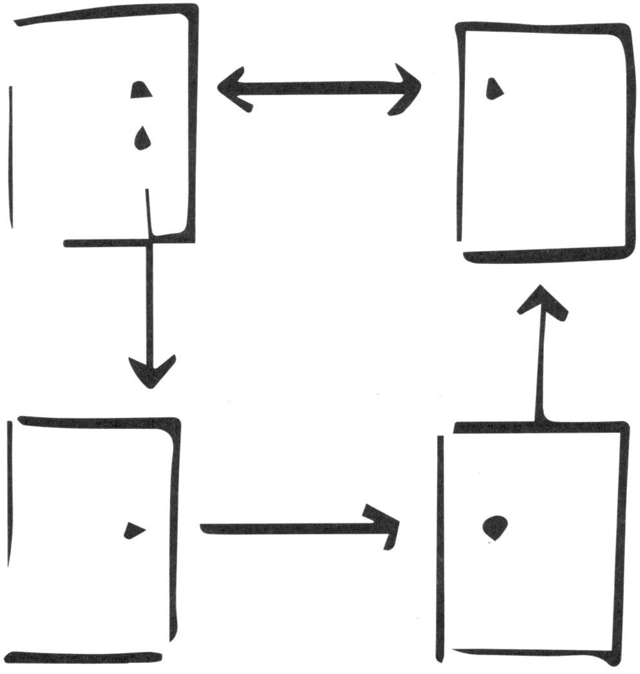

ハイパーテキストは分類法を橋渡しする

私たちは、同じ場所に羅列せずにものごととものごとをつなぐために**ハイパーテキスト**を使います。

ハイパーテキストは、階層的、並列構造的、連続的な分類法《タクソノミー》とは根本的に異なります。なぜならハイパーテキストは、ものごとの存在する場所を変えずに、ものごとを見つける方法だからです。

ユーザーがコンテンツを複製したり移動するかわりに、分類法《タクソノミー》間を飛び越えて見つけられるよう、ハイパーリンクを使います。たとえば、この本にある**太字**の語がハイパーリンクされているとしましょう。ユーザーがその1つをクリックすれば、巻末の用語集の中にある目的の単語の定義に辿り着けます。コンテンツを何度も繰り返して記述するかわりに、ユーザーを移動させることで目的を実現しているのです。

最寄りの店の場所を示す案内標識も、ハイパーテキスト的なものの一例です。店の場所を変えることなく、標識を見た人に特定の位置を伝えているからです。

同様に、ウェブサイトはハイパーテキストを用いて、コンテンツ同士を何度も繰り返すことなく結び付けています。

大半のものごとは 複数の分類手段を要する

この世界はただひとつの決まった状態で構成されているように見えますが、実際には形あるあらゆるものは、分類法における複数の方法で分類することができます。

階層、並列構造、シーケンス、ハイパーテキストは、いくつかの一般的な分類方法です。形あるものの多くは、これら複数の要素の組み合わせで分類されています。

典型的なウェブサイトには、階層的なナビゲーション、登録ページやコンテンツ選択のための画面遷移シーケンスのほか、関連するコンテンツへのハイパーテキストリンクがあります。

典型的な食品スーパーには、階層的に分かれた通路と、店員がバーコードをスキャンすることで商品情報を呼び出せる並列構造的なデータベースのほかにも、会計やその他の顧客サービスを行う手順としてのシーケンスがあります。私が最近行った食品スーパーでは、ショッピングカートの目立つところに、一般的な 25 品の商品の売り場が書かれたリストがありました。これはハイパーテキスト的活用法として素晴らしいものです。

典型的な書籍には、順序立てたシーケンスにもとづいた話題、階層的な目次のほか、図書館で使われているデューイ十進分類法や、書店や Amazon 等のウェブサイトで使用されているジャンル別の分類方法といったさまざまな分類要素があります。

ジョアンの場合

ジョアンは最近、別の航空会社と合併した航空会社のソーシャルメディア部門の責任者です。一夜にして彼女のチームは、2倍の仕事量に対して責任を持つことになりました。彼女自身も、2倍の社員の責任を負うことになりました。

合併の内容を調整する際、まずは重複している提供チャネルに対応しなければなりません。たとえば、2社が合併したので現在2つのTwitterアカウントを持っていますし、2つの異なるウェブサイトに2つの問い合わせ窓口を持っているからです。ジョアンは、すべてを結び付けるために、以下のことを実施しました。

- ユーザーとステークホルダーの調査を実施
- 2社の既存チャネル間で、両社で使われている名詞と動詞を統一するための統制語彙の策定
- 各チャネルの意図の明確化。その後、ユーザーに役立つための最も良い方向の決定
- 具体的なゴールと基準線の設定
- 彼女に逐次情報が集まるよう、通知すべきフラグの設定
- 彼女が管理するチャネルと、合併により各々のチャネルが時間とともに与える影響のマップ化
- ユーザーとステークホルダーにさらに役立つよう各チャネルを再編成

構造で遊ぼう

あなたの構造は、完成するまでに幾度となく変更する可能性があります。時間を節約しイライラを抑えるために、実際に変更を加える前に箱（ボックス）と矢印（アロー）を使って考えましょう。箱と矢印は他の形と比べて修正しやすいので、まずは箱と矢印から始めます。

次のページで示しているように、箱と矢印の一般的なパターンを使って、雑然とした状態を構造化してみてください。ぴったりくる構造を見つけるためには、少なくとも２つ以上のパターンの組み合わせを試す必要があることを忘れないようにしましょう。

1．あなたが伝えようとすることを表すのに適したコンテンツやファセットを見極めます。

2．広く浅い階層と、狭く深い階層をそれぞれ試してみて比較します。並列構造、シーケンス、ハイパーテキストをどこで使うのがいいか、よく考えましょう。

3．１つの並べ方を試したら、次は別の並べ方を試してみてください。それらを対比させ、比較します。他の人の意見も聞いてみましょう。

4．これから作ろうとしている構造のなかで、構成要素を分類するとき、どの程度の曖昧さが適切か、どこまで正確に振り分けるのがよいのかを考えます。

パターンを学ぼう

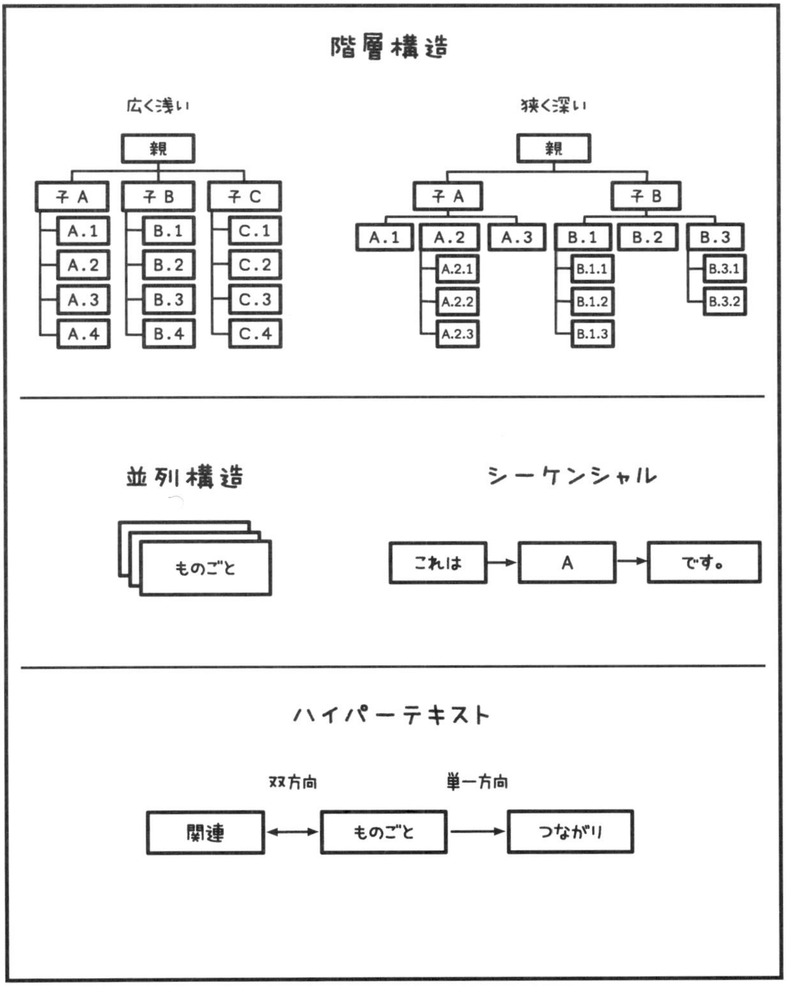
階層構造
広く浅い
親
子A
子B
子C
A.1
A.2
A.3
A.4
B.1
B.2
B.3
B.4
C.1
C.2
C.3
C.4
狭く深い
親
子A
子B
A.1
A.2
A.3
A.2.1
A.2.2
A.2.3
B.1
B.2
B.3
B.1.1
B.1.2
B.1.3
B.3.1
B.3.2
並列構造
ものごと
シーケンシャル
これは
A
です。
ハイパーテキスト
双方向
単一方向
関連
ものごと
つながり

順応
修正
編集
決定
適応
非難
開始
調整
変更
再編
調節
可変
旋回
脱線

第 **7** 章
調整に**備える**

調整は現実の一部分である

時々刻々と、私たちが選ぶ方向性は、私たちが作るもの、目にする影響、そして私たちの体験を、永遠に変え続けます。

私たちがゴールに近づくにつれ、ものごとは変化し、新しい洞察ができるようになります。以前センスメイキングできなかったことを理解できるようになったり、ものごとは常に変化するのです。センスメイカーとして学ぶべき最も重要なスキルは、今後新しい問題に遭遇したとき、その問題に対応するために自分の進むべき道をそれに合わせていくことです。

完成を求めてはいけません。ずっと変わらないものを作り上げるのはものすごく難しいことです。確かに、何かが変化するたびに箱と矢印を動かすことはそれなりに面倒な作業ではあります。しかし、それはあくまで作業でしかありません。面倒だからと言って、計画を立てて修正することを避ける理由にはなりません。人からの意見を取り入れ、継続的に品質を高め続けることは、ものごとが「良いもの」であることを保証するのです。

先延ばしにしてはいけません。時間が経てば、事態は厄介になるだけです。状況が良くなったり、安定するのを待って、言い訳をしながら手を付けないでいるのは、誰にでもできる簡単なことです。

何事も完璧に成し遂げるのは困難ですが、前に進むことは可能なのです。

全体は部分の総和に勝る

持っている課題の意味を理解するために、たくさんの要素を組み合わせ、全体を把握する必要があります。

たとえば、私たちはある製品を市場に送り出すための仕事をしているとしましょう。この一連の作業をサポートするために、私たちは以下のものを用意するでしょう。

- その製品をどのように組み立て、顧客をどのように分類するかを示した階層ダイアグラム
- その製品を顧客が体験していく順序を示したフローダイアグラム
- その製品を使う顧客のために、十分に吟味しセンスメイキングされた用語集

以下はそれぞれ個別に重要な要素ですが、全体像として考える必要があります。以下のような全体像をとらえた質問に答えましょう。

- ユーザーは何を体験するのか？
- 誰が何を、なぜ、誰と一緒に取り組むのか？
- 製品はいつ、どのようにして発表し、出荷されるのか？
- 時間がたつと、製品はどのように変化していくのか？

一人で決めることはたやすい

もしかすると、あなたは一人でプロジェクトに取り組んでいて、あなたが唯一のステークホルダーであり、かつ唯一のユーザーであるかもしれません。

しかしたいていの場合、他の人々と協力して、他の人々のために働いている可能性が高いでしょう。その際、一人きりで机の上で体験を示したマップやダイアグラムを作成していても、情報設計を実践しているとは言えません。

関係者全員が、あなたのツールや手法に影響を与えて意見を言えるようにする必要があります。言葉遣いや構造に関してユーザーから意見をもらうために、プロトタイプを作成すべきです。

早めに全員が関与する体制を作ることが重要です。皆と一緒に目指したゴールに向かって一歩ずつ進んでいくべきです。あらかじめ合意を得ることができない場合は、あとで仕事が増えると想定しておかなければなりません。

自分以外の人の視点で世の中に目を向けると、弱点や改良のためのチャンスに気付くことができます。他のステークホルダーに隠しごとをせず、プロジェクトの最終段階まで待たずに、早めにユーザーの意見に耳を傾けましょう。

はっきりするまで~~言い争おう~~ 議論しよう

恐れ、不安、言語的不安定度が前進を妨げるのは、ごくごく普通のことです。こういった心地良いとは言えない状況で仕事を学ぶことは、混乱に対しセンスメイキングするうえで最も難しい部分です。

緊張状態は、言い争いへと発展することがあります。言い争いは敵意をもたらすことがあります。敵意は、仕事の勢いを削いでしまうことがあります。そして勢いが止まると、混乱はより大きく、より酷いものになります。

緊張状態をやり過ごすために、以下のように他の人の立場や認識を理解してみましょう。

- この混乱は、その人たちの目にはどのように見えていますか？
- 彼らのメンタルモデルはどのようなものですか？
- 彼らはどのような言葉を使っていますか？　あなたの言葉遣いは彼らを誤解させていませんか？
- 彼らはあなたの意図、方向性、ゴールに賛同していますか？
- 彼らは、あなたが取り組んでいる仕事の階層に賛同していますか？

床下にないなら
ファサードにある

情報設計は、建築物の骨組みと土台のようなものです。骨組みと土台だけでは建物になりませんが、建物が完成したあとからこれらを付け足すことはできません。骨組みと土台は、建物全体に影響を及ぼす極めて重要な要素です。骨組みと土台を持たない建物は存在しません。

ファサード（見た目）だけを通して、あなたの意図している意味を伝えることは困難です。あなたが伝えたい情報設計と意図がきちんと揃わなければ、すべてがばらばらに崩れてしまいます。

以前はピザハットだった建物の場所に、おしゃれなレストランをオープンすることを想像してみてください。これまでの面影が、その建物の構造からわかります。ピザハットを連想させる懐かしい 90 年代半ばの印象が、その建物の骨組みの中に存在するのです。どんなに屋根を塗りかえ、看板を取り換え、内装を一新しても同じことです。建物が「以前はピザハットでした」と主張するのです。

(Google の画像検索で「used to be Pizza Hut」（元ピザハットの建物）と検索してみましょう。笑えますよ！)

複数の主人

混乱が何から生まれているにしても、私たちには多くの仕えるべき人がおり、そして現実についての複数の見解があります。情報は、歴史と先入観で満ちています。

ステークホルダーは、以下のことを必要とします。

- プロジェクトがどこへ向かっているのかを知ること
- すべての方策と、起こりうる結果を見通すこと
- ユーザーのために適切なソリューションを組み立てること

ユーザーが求めているのは、以下のようなことです。

- どうやってうまくやれるか知ること
- ニーズや期待にもとづいて、何が可能かがわかるようになること
- 意図された意味がわかること

上記のような主観的な事実を明確にすることが、私たちの仕事です。

明確にすべき大部分は、ステークホルダーが考えるユーザーのニーズと、ユーザー自身が考える自分たちのニーズとの違いを見極めることです。

情報設計の余地を与える

情報設計の実践を進める必要性を感じたなら、情報設計について話す方法がいくつかあります。

あなた：「ああ、これは整理できていない情報がかなり溢れていますね…」

お相手：「ちょっと手に負えないですよね？」

あなた：「そうですね、でもなんとか手伝えるとは思います。最近、情報設計の実践について学びました。情報設計のことを聞いたことはありますか？」

お相手：「聞いたことないですね。どういうものですか？」

あなた：「私たちにとってどのような構造が必要なのかを決めるための手法です。構造を決めることで、私たちが考えている意図がユーザーに正しく伝わります」

お相手：「それって難しいものなんですか？　専門家が必要なんでしょう？」

あなた：「えーと、私たちが使っている方法を一緒にやれば難しくないですよ。実際に体験できるツールがいくつかあるので、試してみませんか？」

「やあ！　素敵なIA」とは誰も言わない

トイレが詰まっていたり電気が切れていない限り、誰もビルの配管や供給電力について気にしません。不具合があると突然、配管や配線のことで会話が持ちきりになるのです。

同様に、人々は情報が壊れていない限り、情報設計をほめたり批判したりしません。

ものごとの見え方や作られ方から切り離されると、「情報設計の部分」はほとんど目に見えません。たとえば、私たちは文章、編集、デザイン、図版、文字、製本、配達を抜きにして、この本の構造の質について評価をすることはできません。

もしあなたが情報設計を実践することで賞賛を得ようと思っているのなら、あきらめたほうがいいでしょう。

しかしながら、もしあなたが、情報設計がもたらす明晰さのために実践を試みるのなら、きっとたいへん興味深い成果が得られるでしょう。

フィルターになろう。コーヒーかすではなく

コーヒーを淹れるとき、フィルターの役割はコーヒーにコーヒー豆を残さないことです。同様に、センスメイキングとは、ユーザーに提供しようとしているアイデアから、余計なものを取り除くようなものです。

取り除かれるものは、加えられるものと同じくらい重要です。仕事はアイデアだけでは終わらせられません。

単にアイデアを持ち込むだけの人にならないでください。そのかわり、他の人たちのアイデアを濾《こ》して、それが飲めるようにする人になってください。

- 人々が目にしていても話題にはしない混乱に着目しよう。
- 共に行なっている作業の背後にある意図について、誰もが同意していることを再確認しよう。
- 人々が方向を定めるのを手伝い、進捗度を測るためにゴールを設定しよう。
- ゴールに到達するために用いる言葉や構造を評価し洗練させよう。

上記のようなスキルがあれば、あなたは常に引く手あまたでしょう。

難しいこと

一度建ってしまった建物の壁を取り壊したり、屋根を剥がしたり、または床板を引き剥がすこと決心するのは難しいことです。何かがあなたの役に立っていないとき、そのことを認めるのは難しいことです。

間違っていることのために、わざわざ適切な言葉を見つけ出すのは難しいことです。

何かが間違っていることを理解することと、それを修正するために費やす時間を確保することは難しいことです。

そもそも、間違いを正すのは難しいことです。

過去に正しかったことや、不十分だったことを正確に評価するのは難しいことです。

不明瞭な意味や、真実とは何かについて、共に働く人々と議論するのは難しいことです。

適切な質問をするのは難しいことです。

批判を受け入れるのは難しいことです。

最初からやり直すのは難しいことです。

正解に辿り着くのは難しいことです。

そこには困難さ以上の価値がある

ゴールを定め、そこに到達することには価値があります。

他の人たちがはっきりと理解できる言葉で意思疎通することには価値があります。

以前には知らなかった方法で理解を助けることには価値があります。

蓄積した洞察力を通して前向きな変化を与えることには価値があります。

良いものとは何なのかを自覚していることには価値があります。

明快さ、現実的な期待、明確な方向を与えることには価値があります。

この世界を少しでもくっきりとしたものにすることには価値があります。

目の前の混乱をセンスメイキングすることには価値があります。

アビーの場合

アビー・コバートは**情報建築家**です。10年にわたってクライアントのために情報設計に携わったあと、アビーは誰も情報設計をクライアント自身が実践する方法を知らないことに気づきました。この状況を救う最善の方法は、この重要な実践方法を教えることであると彼女は決断しました。

アビーは2年間にわたり、教科書なしで教壇に立ちました。アビーは生徒たちに向かって、この世界に欠けている書籍を書くことを宣言しました。すべての人のための情報設計についての本です。

初稿を書きながら、彼女は新領域の教育が持つ、用語と概念の不整合による混乱に直面しました。学期末には、美大生向けの教科書を作ることができました。しかし、それは彼女が書こうと意図していたすべての人向けのものではありませんでした。彼女は、短期的なゴールを目指したために、間違った方向に進んでしまったのです。

彼女は失望し、やりなおすことを恐れていました。しかし、彼女はあきらめることなく、現実を直視し、この本にあるやりかたで、彼女の混乱に対してセンスメイキングしたのです。

あなたが手に取っているこの本にたどり着くまで、彼女は7万5千語以上の原稿を書き、100以上の用語をできるだけ簡単に定義し、3つの異なったプロトタイプを作って評価してもらいました。

アビーは、それが意義あることであることを願っています。

まだセンスメイキングできない?

1. 直面している混乱の大きさと深さを探ってみましたか?

2. なぜそのような意図を持っているのか、そしてあなたが問題を解決するとき、それがどのような意味を持つのか把握していますか?

3. 現実を直視し、ユーザーのコンテクストとチャネルについて考えてみましたか?

4. 方向を明確にするために、どのような言葉を選択し、どのような言葉を使いましたか?

5. 進捗を、どのような具体的なゴールと基準線で測ろうとしていますか?

6. 様々な構造を当てはめ、それらを検討し、意図したメッセージがユーザーに伝わるように工夫しましたか?

7. 混乱を撃ち落とす照準を合わせるために、気持ちの準備はできていますか?

参考文献

情報設計の実践についてさらに詳しく知るためには以下を参照してください。

書籍

『The Discipline of Organization』Robert Gushko

『The Accidental Taxonomist』Heather Hedden

『Understanding Context』Andrew Hinton

『都市のイメージ　新装版』ケヴィン・リンチ

『Intertwingled: 錯綜する世界／情報がすべてを変える』ピーター・モービル

『Reframing IA』Andrea Resmini

『Design is the Problem』Nathan Shedroff

『Card Sorting』Donna Spencer

『Visual Explanations』Edward Tufte

『それは「情報」ではない。一無情報爆発時代を生き抜くためのコミュニケーション・デザイン』リチャード・S・ワーマン

『メンタルモデル　ユーザーへの共感から生まれるUXデザイン戦略』インディ・ヤング

Webサイト

BoxesAndArrows.com

IAInstitute.org

iA.net/blog

Semanticstudios.com

Understandinggroup.com

用語集

この用語集は本書のために作られたものです。
用語集として完全なものではなく、本の中で述べた事柄に重点を置いています。

4象限ダイアグラム（quadrant diagram）
分類の正確な、または曖昧なスペクトルのどちらかに従って、一連のものごとが互いに比較される方法を描写した図。
→ *75, 82*

曖昧な（ambiguous）
自由な解釈ができること。　→ *75, 106, 135-139*

浅い（shallow）
少ない区分階層で構成される構造のこと。
→ *143, 150*

意見、オピニオン（opinion）
何かについての個人的な信念、または見解。　→ *31, 39, 106, 107, 119*

依存関係（dependency）
何かを生じさせるために備えるべき条件。
→ *116*

位置、ロケーション（location）
特定の場所や地点。　→ *90, 96, 147*

意図（intent）
計画された意味とその成果。
→ *26, 29, 38, 45, 47, 49-53, 57, 92, 100, 114, 115, 116, 117, 119, 123, 124, 131, 136, 141, 149, 157, 160, 162, 166*

意味（meaning）
何かの知覚された意義、理解、または重要性。　→ *24, 32, 39, 40, 43, 44, 51, 58, 84, 96, 100-103, 106, 109, 116, 118, 140, 143, 157, 158, 159, 163, 166*

インターフェイス（interface）
ユーザーが場所やものに影響を与えるポイント。　→ *80, 90, 105, 106*

オブジェクト、もの（object）
見たり、触ったりすることができる材料。
→ *26, 62-65, 72, 76, 78-80, 82, 90, 104, 133, 154, 159*

オントロジー（ontology）
特定のコンテクスト内の用語や概念の意味の宣言、定義。　→ *96-98*

解釈（interpretation）
ものごとの意味の心的表象。　→ *23, 24, 26, 27, 29, 30, 33, 34, 39, 43*

階層構造、ヒエラルキー（hierarchy）
連続的な階級と階層に当てはめる分類方

法。　→ *78, 79, 82, 143, 148, 151, 155*

関係（relationship）
ものごとの間の接続。　→ *41, 69, 74, 78, 96, 105*

ガントチャート（gantt chart）
プロセスや、一連のプロセスが相互に時間をかけて関連するところを示す図。
→ *74, 82*

基準線、ベースライン（baseline）
変更を加える前に測定した値。
→ *114, 121, 123-126, 149, 166*

空間（space）
フリー、利用可能、もしくは専有されていないエリア。　→ *92, 93*

形状（form）
コンテンツを使用するために、ある構造に分類する際に作成されるもののすべて。
→ *71, 80, 133, 148*

言語的不安定度
（linguistic insecurity）
特定の文脈での言語の使用を取り巻く不安、自意識、もしくは自信の欠如。
→ *95, 157*

現実（reality）
ものごとが人間に対して表示される方法を決定する経験。　→ *32, 41, 56-61, 63, 67, 83-85, 88, 114, 115, 121, 124, 148, 154, 159, 165, 166*

構造（structure）
ものの組み合わせ。　→ *17, 19, 22, 61, 69, 90, 96, 131, 132, 137, 141, 20, 150, 151, 155, 156, 158, 160-162, 166*

ゴール、目標（goal）
望まれる結果。　→ *22, 107, 114-116, 124-126, 131. 149, 154, 157, 162, 164-166*

言葉、言語（language）
コミュニケーションのシステム。
→ *26, 34, 38-40, 50, 52, 61, 94, 95, 98, 99, 102-104, 109, 110, 141, 156, 157, 162, 164, 165, 166*

コミュニケーション
（communication）
考え、メッセージ、情報を、人やシステムに伝達する行為。　→ *17, 22, 26, 39, 44, 47, 67, 94, 106, 136*

コンセプト、概念（concept）
抽象的な考えや一般的な観念。　→ *26, 69, 72, 76, 78, 79, 82, 95-101, 107, 110, 165*

コンテクスト、文脈（context）
事情、状況、環境、背景、設定など、ある事象や出来事などの意味を定義し、特定し、明確化するもの。
→ *59-61, 79, 81, 84, 93, 95, 96, 98, 101, 110, 123, 124, 135, 140, 166*

コンテンツ、中身（content）
配置、配列されているもの。　→ *27, 29, 33, 34, 69, 82, 106, 116, 131-134, 147, 148, 150*

混乱（mess）
人間と情報の間の相互作用が錯綜し、または困難に満ちている状況。　→ *17, 18, 21-25, 31-35, 39-44, 47, 56, 57, 60, 93, 70, 71, 84, 96, 104, 110, 150, 154, 157, 159, 162, 164, 165, 166*

サイトマップ（sitemap）
ウェブサイト内のページやページ状態の間の関係を表示するダイアグラム。　→ *78*

シーケンス（sequence）
出来事が起こる順番。→ *25, 26, 92, 79, 133, 148, 150, 155*

辞書編集法（lexicography）
1つの言葉の異なる意味を集めること。
→ *96*

システム（system）
ひとまとまりの構造のこと。　→ *19, 21, 23, 39, 61, 66, 73, 90, 108, 117, 123, 132, 133, 140, 145, 148*

指標（indicator）
ものごとの動作や状態を監視するのに使われる、測定や出来事。　→ *117-120, 122, 124-127*

ジャーニーマップ（journey）
場所の中、もしくは場所の間で取られるステップ。　→ *18, 81, 82, 90, 154*

主観的（subjective）
個人のものの見方。　→ *24, 26, 39, 43, 159*

条件、状況（condition）
何かの相関的な状態。　→ *73, 116, 154*

情報（information）
ものごとの特定の整理や結果から解釈されるものすべて。　→ *17-21, 22, 25, 26, 27, 29, 32, 34, 40, 59, 61, 70, 101, 132, 140, 148, 156, 158, 159, 160, 161*

情報建築家（information architect）
人々の情報設計の決定や向上を助ける人のこと。　→ *101, 165*

情報設計
（information architecture）
全体としてより理解しやすくするためにものごとの一部を変える方法。対象とするユーザーに意思を伝えるために、どのように全体の一部が変えられるべきかを決断する行為。　→ *13, 15, 19, 26, 34, 95, 150, 152, 154, 155, 159, 161*

真実（truth）
正しいと認められたもののこと。
→ *24, 27, 29, 34, 39, 47, 108, 119, 161*

スイムレーンダイアグラム
（swin lane diagram）
システム内で複数のユーザーがどのように共同作業するかを示す図。　→ *77, 82*

スキマティック（schematic）
図式による表現。　→ *80, 82*

スケール、規模（scale）
大きさの比率。　→ *65, 66*

スコープ、範囲（scope）
現在進行中の作業の範囲と要求。
→ *65, 66, 109*

ステークホルダー、利害関係者
（stakeholder）
あなたの作業内容に対して現実的で合理的な興味を持つ第三者のこと。　→ *31, 33, 34, 40, 44, 57, 70, 94, 99, 100, 107, 110, 120, 149, 150, 156, 159*

正確な（exact）
ものごとを分類する正しい方法。
→ *30, 49, 75, 135, 130, 133, 134, 144*

生態系、エコシステム（ecosystem）
相互に関連したシステムの集合。
→ *90*

設計する（architect）
ものの構造を決定すること。　→ *21, 22, 26, 29, 61*

狭い（narrow）
一度にわずかな選択肢しか持たない構造物。　→ *143, 150, 151*

前進（progress）
前方方向への移動。　→ *31, 34, 88, 107, 114, 116, 117, 154, 157, 162, 166*

選択肢、オプション（option）
前進可能な方法。　→ *31, 38, 47, 67, 106, 143*

ダイアグラム（diagram）
ユーザーの理解を助ける図や絵。
→ *63-73, 75, 79-80, 82, 84, 85, 149, 155, 156*

タイムスケール（timescale）
ダイアグラムあるいはマップで示される期間のこと。　→ *66*

知覚（perception）
何かを考慮し、理解し、そして解釈するプロセス。　→ *23, 39, 43, 63, 104, 118, 124, 157*

知識（knowledge）
体験と学習を通して獲得した知、意識、もしくは理解。　→ *18, 24, 26, 30, 32-34, 41, 45, 46, 47, 49, 56, 58, 92, 63, 83, 88, 91, 97, 98*

地図、マップ（map）
定義された領域内で、場所が配置される方法を示す図。　→ *63, 65, 66, 67, 71, 78, 79, 81-84, 97, 156*

チャネル（channel）
情報を伝達、転送するもの。
→ *59, 60, 79, 93, 149, 166*

つながり（connection）
ある人や、もの、考えを、別の人やもの、考えに結び付ける関連性または関係性。
→ *23, 73, 79, 102, 147*

データ（data）
事実や、観測結果、および何かの問題の集合。　→ *23, 27, 34, 75, 120, 122- 124, 126, 138*

デザイン（design）
できあがりを想定して何かを計画すること。　→ *67, 69, 70, 98, 105, 161*

同義語（synonym）
他の言葉やフレーズと同様の意味を持つ言葉。同意語。　→ *99, 103, 109*

同形異義語、ホモグラフ（homograph）
使われる文脈によって異なる意味を持つ言葉。　→ *39, 100*

動詞（verb）
作用、状態、出来事のこと。
→ *104, 105, 110, 111, 149*

統制語彙（controlled vocabulary）
用語、言い回し、概念を整理した一覧表。あるテーマや分野の理解を助ける。
→ *99, 100, 103, 149, 168*

どうやって（how）
ものごとが作られたり、届けられたりする具体的な方法。　→ *18, 21, 23, 26, 29, 30, 34, 38, 39, 41, 43-51, 59, 60, 66, 69, 70, 73, 74-78, 80, 82, 88, 91, 92, 100, 103, 104, 106, 107, 109, 114-124, 126, 132, 134, 140, 141, 145, 147, 149, 155, 157, 159, 161, 165, 166*

なぜ（why）
対象の理由または説明。　→ *30, 34, 39, 45, 47, 49, 88, 98, 101, 126, 155, 166*

何を（what）
対象を指定するもの、またはものの集まり。
→ *22-27, 30, 32-34, 39, 40, 44-46, 49, 51, 52, 56-61, 63, 65, 69, 70, 82, 83, 84, 88, 90-91, 94-99, 103, 105-110, 114, 115, 117-120, 123, 124, 126, 131-136, 139-141, 150, 154, 155, 157, 159-163, 166*

ハイパーテキスト（hypertext）
ユーザーの行動によって、関連する事項が接続されるようにされた時を表す。
→ *147, 148, 150, 151*

場所（place）
ある目的のために指定された空間の一部。
→ *23, 78, 79, 81, 89, 90, 92, 93, 104, 116, 134*

広い（broad）
同時に多くの選択肢を提供すること。
→ *143, 150, 151*

ファサード（façade）
何かの見た目。　→ *158*

ファセット（facet）
ものごとを分類、取得するのに使われるすべての側面、知識の一部、機能です。
→ *138, 139, 148, 150*

深い（deep）
何層にも入れ子になった分類構造。
→ *143, 150*

フラグ（flag）
データが送られるよう規定された状況。
→ *122, 125, 126, 149*

振り付けをする（choreograph）
演者の一連のステップや動きを決定すること。　→ *92*

プレイスメイキング、場所づくり（placemaking）
ある場所の意図された目的を、そのユーザーに伝達する方法を決定する行為。
→ *92*

フレーム（frame）
特定の目的で配置したり調整すること。
→ *71, 158, 159*

フローダイアグラム（flow diagram）
条件、つながり、および関連する場所を含む個別のプロセスの手順を示す図。
→ *73, 82, 155*

ブロックダイアグラム（block diagram）
オブジェクトとその属性が相互に関係しながらある概念を生み出す方法を説明する略図。　→ *72, 82*

分解式スキマティック（exploded schematic）
各部品を組み合わせて全体を作り上げる方法を説明する略図。　→ *80*

分類（classification）
類似の資質や特性を持つものを選り分けるプロセス。　→ *132, 134, 135, 136, 138, 140, 141, 150*

分類法、タクソノミー（taxonomy）
ものの区分のこと。　→ *132, 133, 136, 141, 143, 145, 148*

並列構造、ヘテラルキー（heterarchy）
個々の物が階級や階層なしに存在する分類方法。　→ *143, 147, 148, 151*

ベン図（venn diagram）
重なった概念や属性を表現する図。
→ *76, 82*

方向（性）（direction）
物や人が向かって行く場所を指し示すもの。　→ *23, 46, 47, 87, 88, 94, 107, 109, 111, 115, 121, 122, 124, 137,149, 154, 156, 157, 162, 164-166*

マインドマップ（mind map）
必ずしも確立された階級組織、または連鎖の下で存続していない特定のコンテクスト内のコンセプト、オブジェクト、アイデア、チャネル、人間、そして場所の間の接続を示す図。　→ *79, 81, 82*

マトリックス図（matrix diagram）
アイデアの提示、討論、または定義を分類するために識別領域を概説する図。
→ *84*

名詞（noun）
人、場所、またはものごと。　→ *104, 105, 110, 111, 149*

メンタルモデル（mental model）
世の中の意味を理解するために私たちが使用する、内面的な信念構造や思考プロセス。　→ *63, 83, 100, 140, 157*

目的（purpose）
何かが行われる理由。　→ *65, 71, 93, 96, 131*

もの、ものごと（thing）
他とは区別される、あるいは独立した実体のこと。　→ *17-19, 21-27, 29, 30, 38-45, 49, 50, 52, 56, 59, 60, 66, 67, 69, 70, 72, 75, 76, 78, 88-93, 95, 98, 100, 106, 114, 116, 117, 121-126, 131-138, 140, 141, 143, 145, 147-150, 154, 155, 158, 161, 163, 164*

ユーザー、利用者（user）
メッセージを受け取る人のこと。
→ *26, 30, 33-35, 40, 41, 44, 51-53, 57, 59, 60, 67, 73, 77, 82, 84, 89, 90, 92-94, 99, 100, 101, 104, 105-107, 110, 118-120, 122, 131-134, 143, 145, 147, 149, 150, 155, 156, 159, 160, 162, 165, 166*

要件（requirement）
必要とされる、または欲される何か。
→ *105, 106, 110, 111*

レトリック（rhetoric）
聴衆に対し説得力のある効果を持つように設計されたコミュニケーション。
→ *67, 141*

ワークシート（worksheet）
質問に対する回答を記録するために用意されるもののこと。　→ *120*

謝辞

Rick, Liz, and Sydney Covert
今の私があるのは、あなたたちのおかげです。

James Sanford
自分のことのように愛しています。

Bill & Ethel Pink
何が明確かを常に教えてくれました。

Tess Kisner
いつもそこに居てくれます。

Dan Klyn
私はあなたの成果の上に乗っかっているだけです。

Carl Collins
私が誤りを悟るまで見守り、そして決して急かして悟らせようとはしませんでした。

Caleb Brown
私自身が気づくずっと前から、理性的に考える力があることを信じてくれました。

Andrew Hinton
IA コミュニティに紹介してくれました。

Michael Leis
心の中に怪物を養うことがないように教えてくれました。

Peter Morville
とても多くことを明確にしてくれました。

Lou Rosenfeld,
今日ある私の人生をスタートさせる手助けをしてくれたことすべてと、彼の導きすべてに対して、感謝します。

Christina Wodtke
喜びを深く味わえるよう教えてくれました。

Nicole Fenton
書く文章のすべてを、より素晴らしいものにしてくれました。

Allan Chochinov
世界中の人々にインフォメーション・アーキテクチャを教えるというアイデアを信じてくれました。

Jorge Arango
いつもなぜ？と問いかけてくれました。

Joe Elmendorf
いつも何をはっきりさせるべきか、何を優先すべきかを教えてくれました。

Kaarin Hoff
書いたもの、考えたことへの、親切で思いやりのある感想をくれました。

Michael Adcock
この本という大胆な方法をとることへの自信を与え、一生懸命考えるように励ましてくれました。

Nick Senior
愚痴を聞いてくれました。

Samantha Raddatz
やっかいなことをいつでも引き受けてくれました。

The Dublin Corp
思いやりのある冗談メールを送ってくれました。

The Jo's Gang
いろいろお世話になりました。

My students
君たちが求める答えがここにあります。

著者紹介

アビー・コバート　Abby Covert

アビー・コバートは、共同作業の要素が大きい情報アーキテクチャのプロセスを、顧客とともに行うタイプの情報アーキテクチャの専門家です。また、そうした仕事で知り合った人たちの指導役も務めています。
アビーは「Abby the IA」というペンネームを使って、講演をしたり執筆活動をしたりしています。その活動の主な目的は、デザインやテクノロジーの分野で働いている人たちに情報アーキテクチャ関連の情報を提供することです。
アビーはスクール・オブ・ビジュアル・アーツ、パーソンズ美術大学、教育訓練サービスのニューヨーク・ジェネラルアッセンブリーで情報アーキテクチャの教鞭をとっています。
アビーはIAコミュニティの多忙な取りまとめ役、指導役として、誇りを持って活動しています。現在はInformation Architecture Instituteの理事長を務め、またInformation Architecture Summitの顧問にも就任しています。World Information Architecture Dayを初めて開催したのがアビーであるというのもその功績のひとつに数えられるでしょう。これは参加費無料のカンファレンスで、世界各地で同時に開催されます。2015年で4回目となるWorld IA Dayですが、これまでに50ヵ所以上の都市で開催されており、2015年は新たに38ヵ所が追加されました。アビーは10年にわたり情報アーキテクチャの実務に携わり、またウェブで執筆活動を行なってきました。
そうしたなかで、IAを各人が自分自身のために実際に活用できる人があまりにも少ないことに気づきました。そしてその状況を打開するには、具体的な方法を教えるのが最善であろうと考えました。2年間は教科書なしで教えてみたアビーですが、生徒に向かってこう言いました。「今までは教科書がなかったけれど、今回、それを書いてみることにしました。万人向けの情報アーキテクチャの本を」。それが、本書です。

監訳者／訳者プロフィール

長谷川敦士　はせがわ・あつし

1973年山形県生まれ。2002年コンセント設立、代表を務める。「理解のデザイナー」、インフォメーション・アーキテクトとして、ウェブサイトの構築から新規事業開発、子供向けコンテンツの企画まで、幅広く活動を行っている。理解のデザインについての講演も多数行っている。IA Association Japan主宰、Wrold IA Dayローカルコーディネーター、IA Institute会員、人間中心設計推進機構 副理事長、Service Design Network日本支部共同代表およびNational Chapter Board。学術博士（Ph.D.）。

安藤幸央　あんどう・ゆきお

北海道生まれ。株式会社エクサ　コンサルティング推進部所属。OpenGLをはじめとする三次元コンピュータグラフィックス、ユーザエクスペリエンスデザインが専門。Webから始まり情報家電、スマートフォンアプリ、VRシステム、巨大立体視シアター、メディアアートまで、多岐にわたった仕事を手がける。

今日からはじめる情報設計

センスメイキングするための7ステップ

発行日　2015年10月21日　初版第1刷発行

著　者　アビー・コバート
監訳者　長谷川敦士
訳　者　安藤幸央

発行人　籔内康一
発行所　株式会社ビー・エヌ・エヌ新社
〒150-0022 東京都渋谷区恵比寿南一丁目20番6号
fax: 03-5725-1511　e-mail: info@bnn.co.jp
http://www.bnn.co.jp/

印刷・製本　シナノ印刷株式会社

版権コーディネート　長安さほ
日本語版デザイン　坂本陽一（mots）
日本語版編集　村田純一、石井早耶香

ISBN978-4-8025-1001-1
Printed in Japan